D1747873

COLLECTION
ROLF HEYNE

JOSSI LOIBL · HEINZ WEISSFUSS

DIE SCHÖNSTEN GASTHÄUSER IN OBERBAYERN

MIT BEWERTUNG VON KÜCHE UND AMBIENTE

COLLECTION ROLF HEYNE
MÜNCHEN

INHALT

EINLEITUNG
Das bayerische Gasthaus oder
die Suche nach einem Traum 7
Bewertung und Tipps
zur Benutzung 11
Karten Oberbayern/München 12

OBERBAYERN
Arnsberg
    Landgasthof zum Raben 17
Wolnzach – Landgasthof Siebler 19
Au/Hallertau – Schloßbräukeller 23
Kirchdorf a. d. Amper – Oberwirt 27
Dorfen – Beim Wirt z'Loh 29
Radi 32
Au am Inn – Klosterbräustüberl 33
Tüßling – Bräu im Moos 35
Truchtlaching – Gasthof zur Post 37
Meerrettich 40
Übersee-Feldwies am Chiemsee
    Gasthof Hinterwirt 41
Keine Brotzeit ohne Brezen 44
Prien – Mesner-Stub'n 45
Söllhuben – Gasthof zur Post 47
Senf 50
Frasdorf/Wildenwart
    Schlosswirtschaft Wildenwart 51
Prutting – Gasthof zur Post 53
Samerberg
    Berggasthof Duftbräu 55
Samerberg-Törwang – Gasthof zur Post 57
Ostermünchen/Tuntenhausen
    Gasthof zur Post 59
Reisach bei Niederaudorf
    Gasthaus Waller 63

Fischbachau – Mumei's Schoppenstube 67
Aurach/Fischbachau
    Alpengasthaus Wölflhof 71
Kreuth-Scharling – Weißach-Alm 75
Glonn
    Zum Herrmannsdorfer
    Schweinsbräu 77
Aying – Brauereigasthof Aying 81
Höhenkirchen-Siegertsbrunn
    Gasthaus von Franz Inselkammer 85
Sachsenkam – Bräustüberl Reutberg 87
Kirchbichl/Bad Tölz – Jägerwirt 89
Grünwald – Forsthaus Wörnbrunn 91
Straßlach – Gasthof zum Wildpark 95
Der Kartoffelsalat 98
Straßlach – Zur Mühle 99
Egling – Gasthaus zur Post 103
Wolfratshausen
    Alte Gutsküche 105
Münsing – Gasthaus Limm zum Neuwirt 107

Berg/Eurasburg – Gasthof Berg	111
Münsing – Buchscharner Seewirt	113
Penzberg – Hoisl-Bräu	115
Penzberg – Gasthaus Schönmühl	117
Obatzter	120
Kochel am See – Jägerwirt	121
Garmisch-Partenkirchen	
Berggasthof Pfeiffer Alm	123
Murnau – Einkehr am Ähndl	125
Murnau/Riegsee	
Forsthaus Höhlmühle	127
Polling – Alte Klosterwirtschaft	129
Bauerbach – Gasthaus Steidl	131
Tutzing-Unterzeismering	
Forsthaus Ilkahöhe	133
Andechs-Frieding	
Der obere Wirt zum Queri	137
Maising/Pöcking	
Gasthaus Georg Ludwig	139
Herrsching	
Landgasthof Mühlfeld-Bräu	143
Thalhausen – Weilachmühle	147
Pörnbach – Gasthof Bogenrieder	151
Scheyern – Klosterschenke Scheyern	155
Hohenbercha	
Gast- & Tafernwirtschaft	
Andreas Hörger	159
Röhrmoos – Schlosswirtschaft Mariabrunn	161
Die Weißwurst	165

MÜNCHEN

Perusastraße –	
Zum Franziskaner	169
Lindwurmstraße	
Gasthaus Bayerischer Herold	173
Westenriederstraße – Beim Sedlmayr	175
Kultur und Kult ums Bier	179
Residenzstraße	
Spatenhaus an der Oper	181
Sparkassenstraße/Münzstraße	
Haxnbauer	185
Gasthaus-Bayerisch	188
Tal – Weisses Bräuhaus	189
Hausbrauereien	192
Zenettistraße – Gaßner Marktstüberl	193
Frauenstraße – Braunauer Hof	197
Der Knödel, ein Ur-Bayer	200
Kochelseestraße	
Gaststätte Großmarkthalle	201
Schönfeldstraße – Restaurant Halali	205
Weinstraße – Andechser am Dom	207
Frauenplatz	
Nürnberger Bratwurst Glöckl	
am Dom	209
Zielstattstraße – Münchner Haupt'	211
Die bayerische Sinnlichkeit	214
Dreifaltigkeitsplatz –	
Bratwurstherzl	215
Tal – Paulaner im Tal	217
Münchner Biergärten	219
Ortsregister	223
Register der Gasthäuser	223

EINLEITUNG

DAS BAYERISCHE GASTHAUS ODER DIE SUCHE NACH EINEM TRAUM

Das bayerische Lebensgefühl zu beschreiben ist schwierig. Der weiß-blaue Himmel gehört unbedingt dazu, ebenso blühende Wiesen, kristallklare Bergseen, der barocke Zwiebelturm auf der Dorfkirche. Und vor allem: das Gasthaus. Ein Mythos aus bodenständigem Essen, Bier und Geselligkeit. Dazu eine fesche Kellnerin, ein schattiger Garten im Sommer und eine Stube mit Kachelofen im Winter.

Doch wo gibt es diesen Platz, außer in unseren Träumen? Wir haben uns für Sie auf die Reise durch Oberbayern begeben. Von den Alpen bis zur Donau, vom Inn bis an den Lech haben wir nach den besten Gasthäusern gesucht. Und wir stellen in diesem Buch 65 Gasthäuser vor, die zur Einkehr einladen und dem bayerischen Traum sehr nahe kommen.

Hier wird die ganz traditionelle Küche gepflegt, einfache Gerichte, die schon von unseren Omas und in den Großfamilien der Bauern zubereitet wurden. Ein Schatz, den es zu bewahren gilt, dem junge Wirtsleute auch moderne Aspekte entlocken können, da die Zeit bekanntlich nur in Museen stehenbleibt.

Für uns, die wir hier aufgewachsen sind, bedeutet es Identität – und dieses Heimatgefühl ist auch für Zugereiste und Touristen nachvollziehbar, und löst bei ihnen geradezu Begeisterung aus.

In einer gemütlichen Stube schmeckt's noch besser

Die Küche Oberbayerns war über Jahrhunderte hinweg eine ländliche Armenküche. Die Esskultur des reichen Klerus und des Adels fand keinen nenneswerten Niederschlag bei der Landbevölkerung. Ein kleiner Bauer hatte vor Jahrhunderten nur ein paar Kühe. Und deren Milch musste mehr oder weniger die ganze Bauernfamilie ernähren. Butter war die Hauptfettquelle, die in der einstmals sehr einseitigen Ernährung zum Ausgleich des Fetthaushaltes zur Verfügung stand. Im Butterschmalz wurden an Festtagen auch die Nudeln gebacken.

Mehr Wohlstand und buchstäblich mehr zu essen gab es erst ab dem 18. Jahrhundert, als die Kartoffel durch ihren Siegeszug die Landwirtschaft auf ganz andere Füße stellte. Jetzt war eine größer angelegte Schweinemast möglich, und wenigstens am Sonntag war der Tisch auch mit Fleisch reichlich gedeckt. Auf dem Land entwickelte sich eine bäuerliche Festtagsküche mit Braten, Knödeln und süßen Mehlspeisen.

Fixpunkte im kulinarischen Leben waren Kirchenfeste. An Martini und Kirchweih wurde traditionell Geflügel gegessen, das im Herbst am besten schmeckt: Gänse und Enten sind noch zart, haben sich aber schon genug Fett angefressen.

Im kargen Frühjahr, in der Fastenzeit, hatte das Bier seine besondere Bedeutung. »Flüssiges bricht das Fasten nicht«, war ein Leitspruch der Mönche, die in ihren Klöstern die Bierkultur pflegten und vor Ostern einen besonders starken Gerstensaft genossen.

Die frommen Männer, auf die die bayerische Bierkultur letztlich zurückgeht, fanden in Bayern beste Voraussetzungen: klares Wasser, Getreide und natürlich den Hopfen, der in der Hallertau wächst. Die Hallertau, die »Bier-Toskana« Bayerns, ist nach wie vor das größte zusammenhängende Hopfenanbaugebiet der Welt. Groß ist die bayerische Biervielfalt, die sich auch nach den Jahreszeiten richtet. Zum Frühling warten die Starkbierfreunde auf die diversen Bockbiere, im Sommer wird gerne das frische Weißbier getrunken, in Münchner Biergärten fließt zur selben Zeit das traditionelle Helle in Strömen, bevor im Spätsommer und Herbst die wiederum etwas stärkeren Festbiere ihren großen Auftritt haben – nicht nur auf dem Oktoberfest. Das Bierjahr endet erst mit winterlichen Fest-Bockbieren.

In der Landeshauptstadt entwickelte sich eine Schmankerlküche, die in der Weißwurst ihre berühmteste Vertreterin hat. Frisch gebrühte Würste waren ein beliebtes zweites Frühstück der wohlhabenden Bürger. In den Kronfleischküchen wurden die Innereien der frisch geschlachteten Tiere zubereitet und als »Voressen«, wie beispielsweise saures Lüngerl, unter das einfache Volk gebracht.

EINLEITUNG

Spätestens nach dem zweiten Weltkrieg drohte der traditionellen Esskultur das Aus. Die wachsende Agrarindustrie setzte auf schiere Größe und Menge, ein Schweinsbraten wurde vom Sonntagsessen zur lieblos behandelten Alltagsabfütterung, das Huhn – als halbes Hähnchen von der Ecke – zum besten Beispiel, wie ein gutes Produkt durch eine fast beliebige Vermehrung jeden Wert verliert. Dosensuppen und Fertigsoßen taten ihren Teil dazu.

In den achtziger Jahren sah es ganz schlecht aus für die bayerische Küche, in München waren bestenfalls noch eine Handvoll Adressen

Bier, Brezen und Radieserl: das bayerische Biergarten-Zubehör

übriggeblieben, die die traditionelle Wirtshausküche pflegten. Echte Schmankerl wie saures Schweinefleisch, Nierchen oder gebackener Kalbskopf waren auf den Speisekarten kaum mehr zu finden.

In dieser Zeit wurden die alten Bauernschränke durch Resopal ersetzt und ein gegrilltes Steak war das Maß aller Dinge.

Doch im langen Fahrwasser des deutschen Küchenwunders nach Eckart Witzigmann kamen wieder bessere Zeiten. So mancher seiner Schüler kehrte an den heimischen Herd zurück, um Küchenkunst mit bodenständigem Handwerk zu vermählen. Sie haben die bayerische Küchenkultur weiterentwickelt, sie haben alte Rezepte auf einen modernen Stand gebracht und der traditionellen Küche ihre zu Recht gefürchtete Derbheit und Fett-Schwere genommen.

Sie haben sich auf den natürlichen Reichtum ihrer Heimat besonnen, mit dem Bewusstsein, dass nur aus guten Produkten ein schmackhaftes Essen entstehen kann.

Und gute Produkte bietet Oberbayern. In seinen Seen und Teichen schwimmen edle Fische, in den Wäldern gibt es jagdbares Wild, das Alpenvorland ist ein idealer Weidegrund für Rinder, bestes Schweinefleisch kommt aus der nördlich gelegenen Hallertau.

Spargel wächst in bester Qualität im Schrobenhauser Land, entlang der Altmühl weiden Schafe und Lämmer auf den Wacholder-heiden. Ihr würziges Fleisch wird auch in der Spitzen-Gastronomie hoch geschätzt.

Etliche Bauern und Wirte haben sich in den letzten Jahren auf das zurückbesonnen, was vor der eigenen Haustüre wächst und gedeiht. Sie haben wieder angefangen, aus ihrem Obst Säfte, Most und Schnaps zu produzieren, sie machen eigenen Holler-Sekt und pflanzen im Garten die Kräuter für ihre Küche selbst an.

Die Köche entdecken Wildkräuter – wie den Bärlauch – ganz neu, und über den Umweg Italien hielt die gute alte Rauke (Rucola) wieder Einzug in deutsche Küchen.

Man sagt den Bayern eine barocke Lebensart nach, und einem gestandenen Mannsbild in Bayern seinen Schweinsbraten wegzunehmen, könnte glatt sein Weltbild zum Einsturz bringen, selbst in Zeiten von Lebensmittelkrisen.

Trotz allem ist in Bayern das, was auf den Teller kommt, nicht die ganze Geschichte. Ein Wirtshaus ist kein Restaurant, wo man hingeht, nur um gut zu speisen. Hier wird getrunken, diskutiert, es ist ein Ort des Zusammentreffens, der Kommunikation. Für eingefleischte Wirtshausgeher mitunter sogar der Nabel der Welt, nach dem Motto: die Kirche von außen, die Berge von unten und das Wirtshaus von innen. Wenn das Essen gut ist – umso besser.

Am besten schmeckt's natürlich in einer gemütlichen holzgetäfelten Stube oder im Sommer auf einer ruhigen schattigen Terrasse in schöner Lage ab vom Straßenverkehr, dafür mit Blick auf die Berge – der Traum vom Gasthaus? – perfekt!

BEWERTUNG UND TIPPS ZUR BENUTZUNG

Küche und Ambiente der Gasthäuser werden in diesem Buch jeweils mit einem bis vier Sternen bewertet. In diese Bewertungen fließen die Individualität eines Wirtshauses ein, die spontane Gastlichkeit, das Lokalkolorit und die Qualität des Angebots. Das sind entscheidende Kriterien, da an ein Gasthaus besondere Ansprüche gestellt werden und die Erwartungshaltung der Gäste eine ganz andere ist als bei einem gewöhnlichen Restaurant.

Bewertung der Küche

Bei der Bewertung der Küche wurde besonderer Wert auf die regionale Identität des Speisenangebots gelegt.

★ Einfache, ehrliche Küche mit Standardgerichten. Nicht unbedingt der Hauptgrund hierher zu kommen.
★★ Bayerische Küche oder Hausmannskost in bester Tradition. Oft mit eigener Metzgerei.
★★★ Hier werden seltene Schmankerl in hoher Qualität geboten oder Klassiker ungewöhnlich gut zubereitet.
★★★★ Bayerische Spitzenküche mit unverwechselbarer Handschrift, die ein besonderes kulinarisches Erlebnis bietet.

Bewertung des Ambientes

Die Bewertung des Ambientes richtet sich nach Ortsverbundenheit und dem Erlebniswert, wozu auch eine schöne Lage gehören kann. Es wird nicht bewertet, ob es sich um eine gehobene oder bodenständige Lokalität handelt.

★ Einfaches Gasthaus, die Einrichtung bietet keine besonderen Reize.
★★ Bayerisch-gemütlich, unkomplizierte Wirtshausatmosphäre.
★★★ Sehenswertes Ambiente mit individueller Prägung oder besonderer Lage.
★★★★ Hier stimmt alles, das Haus, die Stuben, die Lage. Das kann ein uriges Bräustüberl mit uralten Möbeln sein oder ein Jagdhaus mit Terrasse und Traum-Blick.

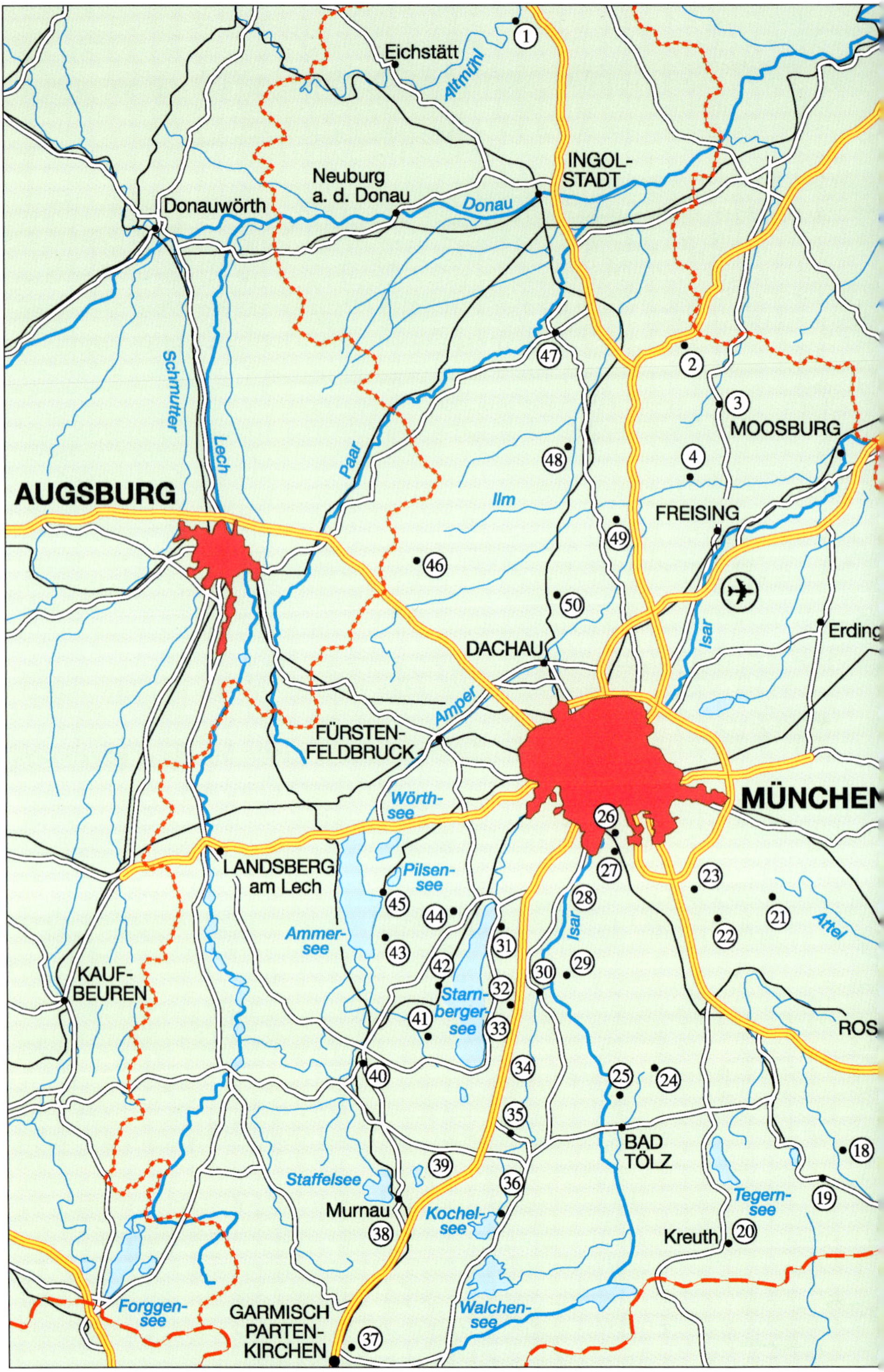
Eichstätt
Altmühl
INGOL-
STADT
Neuburg
a. d. Donau
Donau
Donauwörth
Schmutter
Lech
Paar
Ilm
MOOSBURG
FREISING
AUGSBURG
DACHAU
Erding
Isar
Amper
FÜRSTEN-
FELDBRUCK
Wörth-
see
MÜNCHEN
LANDSBERG
am Lech
Pilsen-
see
Ammer-
see
Attel
KAUF-
BEUREN
Starn-
berger-
see
ROS
BAD
TÖLZ
Staffelsee
Murnau
Kochel-
see
Tegern-
see
Kreuth
Forggen-
see
GARMISCH
PARTEN-
KIRCHEN
Walchen-
see

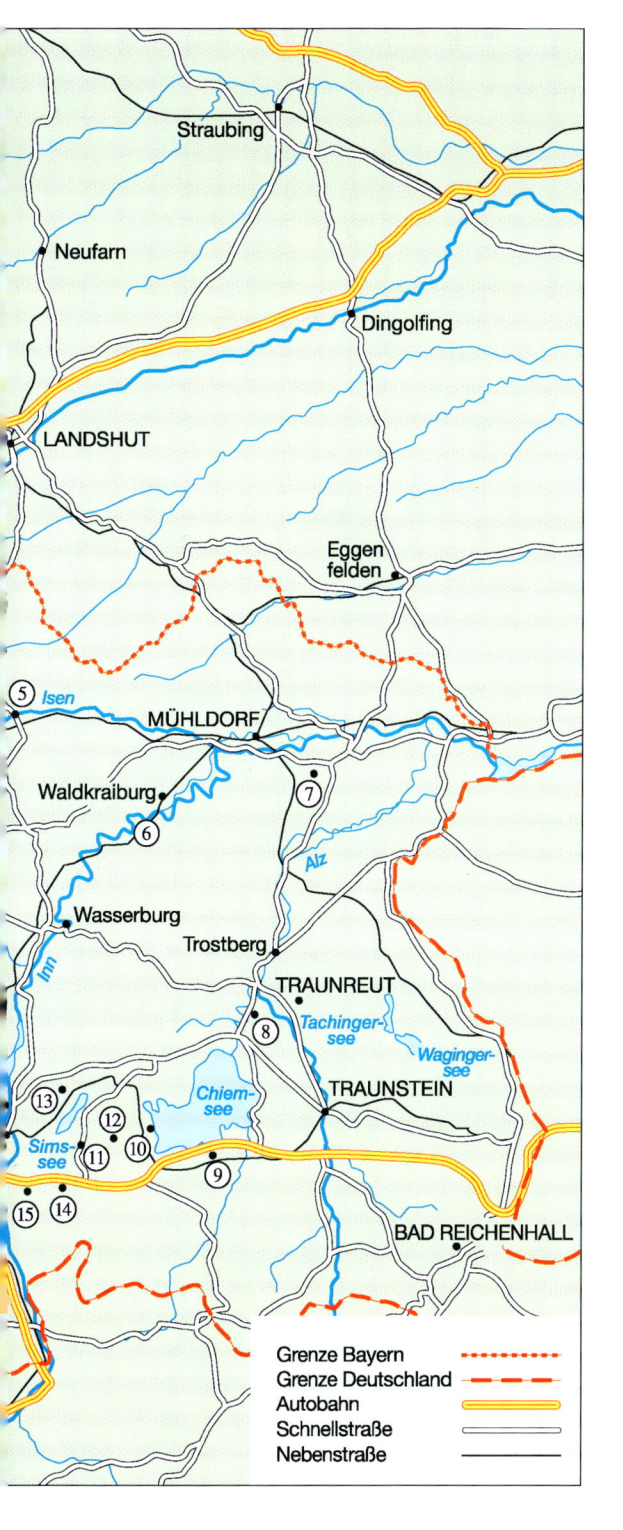

1 Landgasthof zum Raben, Arnsberg
2 Landgasthof Siebler, Wolnzach
3 Schloßbräukeller, Au/Hallertau
4 Oberwirt, Kirchdorf a. d. Amper
5 Beim Wirt z'Loh, Dorfen
6 Klosterbräustüberl, Au am Inn
7 Bräu im Moos, Tüßling
8 Gasthof zur Post, Truchtlaching
9 Gasthof Hinterwirt, Übersee/Chiemsee
10 Mesner-Stub'n, Prien
11 Gasthof zur Post, Söllhuben
12 Schlosswirtschaft Wildenwart, Frasdorf/W.
13 Gasthof zur Post, Prutting
14 Berggasthof Duftbräu, Samerberg
15 Gasthof zur Post, Samerberg/Törwang
16 Gasthof zur Post, Ostermünchen
17 Gasthaus Waller, Reisach
18 Mumei's Schoppenstube, Fischbachau
19 Alpengasthaus Wölflhof, Aurach
20 Weißach-Alm, Kreuth-Scharling
21 Zum Hermannsdorfer Schweinsbräu, Glonn
22 Brauereigasthof Aying
23 Gasthaus von Franz Inselkammer, Höhenkirchen-Siegertsbrunn
24 Bräustüberl Reutberg, Sachsenkam
25 Jägerwirt, Kirchbichl/Bad Tölz
26 Forsthaus Wörnbrunn, Grünwald
27 Gasthof zum Wildpark, Straßlach
28 Zur Mühle, Straßlach
29 Gasthaus zur Post, Egling
30 Alte Gutsküche, Wolfratshausen
31 Gasthaus Limm zum Neuwirt, Münsing
32 Landgasthof, Berg/Eurasburg
33 Buchscharner Seewirt, Münsing
34 Hoislbräu, Penzberg
35 Gasthaus Schönmühl, Penzberg
36 Jägerwirt, Kochel am See
37 Berggasthof Pfeiffer Alm, Garmisch-Partenkirchen
38 Einkehr am Ähndl, Murnau
39 Forsthaus Höhlmühle, Murnau/Riegsee
40 Alte Klosterwirtschaft, Polling
41 Gasthaus Steidl, Bauerbach
42 Forsthaus Ilkahöhe, Tutzing
43 Der obere Wirt zum Queri, Andechs
44 Gasthaus Georg Ludwig, Maising
45 Landgasthof Mühlfeld-Bräu, Herrsching
46 Weilachmühle, Thalhausen
47 Gasthof Bogenrieder, Pörnbach
48 Klosterschänke Scheyern
49 Gast- und Tafernwirtschaft Andreas Hörger, Hohenbercha
50 Schlosswirtschaft Mariabrunn, Röhrmoos

Grenze Bayern
Grenze Deutschland
Autobahn
Schnellstraße
Nebenstraße

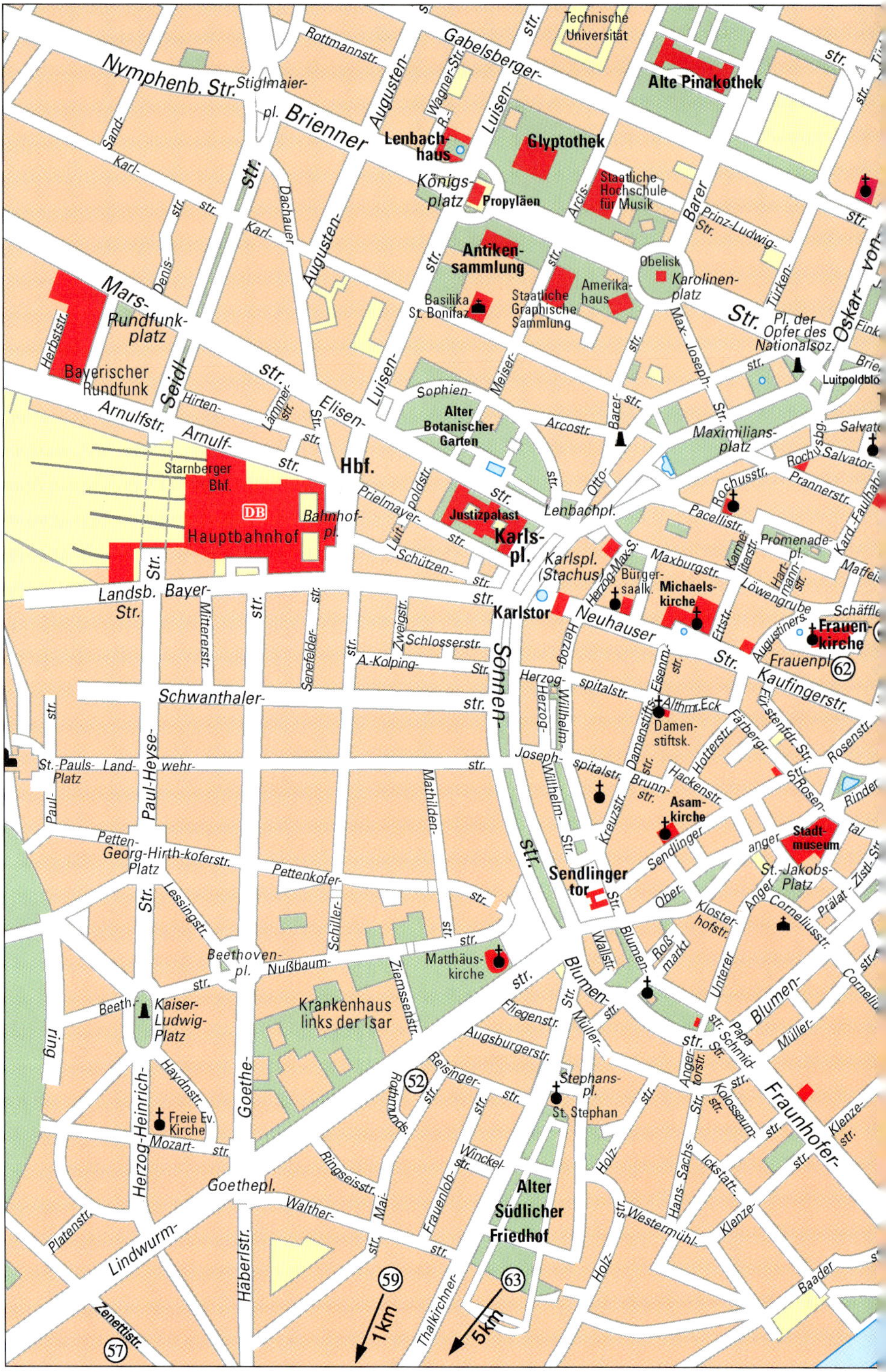
Alte Pinakothek
Glyptothek
Lenbach-
haus
Königs-
platz
Propyläen
Staatliche
Hochschule
für Musik
Antiken-
sammlung
Basilika
St. Bonifaz
Staatliche
Graphische
Sammlung
Amerika-
haus
Obelisk
Karolinen-
platz
Technische
Universität
Rundfunk-
platz
Bayerischer
Rundfunk
Starnberger
Bhf.
Hauptbahnhof
Hbf.
Alter
Botanischer
Garten
Justizpalast
Karls-
pl.
Karlspl.
(Stachus)
Karlstor
Bürger-
saalk.
Michaels-
kirche
Frauen-
kirche
Frauenpl.
Maximilians-
platz
Luitpoldblo
Damen-
stiftsk.
Asam-
kirche
Stadt-
museum
Sendlinger
tor
St.-Jakobs-
Platz
Matthäus-
kirche
Krankenhaus
links der Isar
Kaiser-
Ludwig-
Platz
Freie Ev.
Kirche
St.-Pauls-
Platz
Georg-Hirth-
Platz
Beethoven-
pl.
Goethepl.
Stephans-
pl.
St. Stephan
Alter
Südlicher
Friedhof
Nymphenb. Str.
Brienner Str.
Gabelsberger-
Arnulfstr.
Bayerstr.
Landsb. Str.
Schwanthaler-
Sonnenstr.
Neuhauser Str.
Kaufingerstr.
Lindwurm-
Fraunhofer-
Goethe-
1 km
5 km
59
63
57
52
62

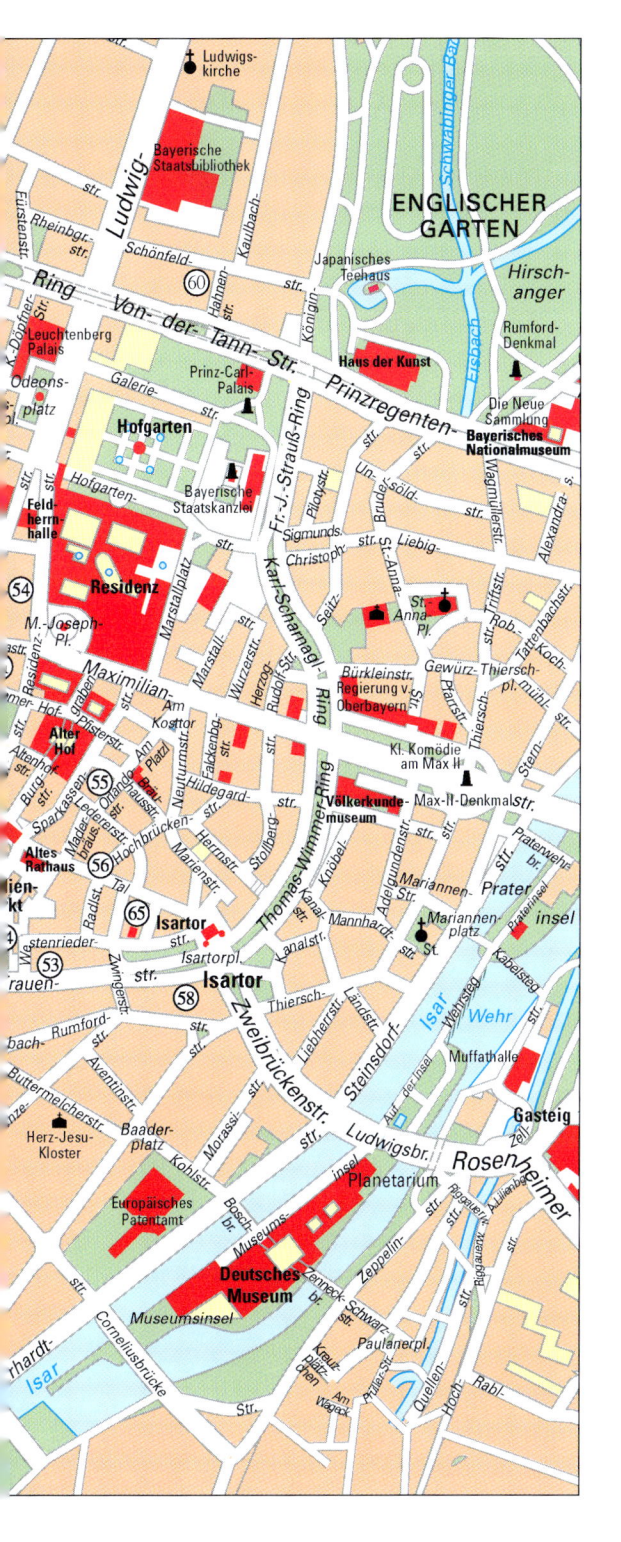

51 Zum Franziskaner, Perusastr. 5
52 Gasthaus Bayerischer Herold, Lindwurmstr. 37
53 Beim Sedlmayr, Westenriederstr. 14
54 Spatenhaus an der Oper, Residenzstr. 12
55 Haxnbauer, Sparkassenstraße
56 Weisses Bräuhaus, Tal 7
57 Gaßner Marktstüberl, Zenettistr. 11
58 Braunauer Hof, Frauenstr. 42
59 Gaststätte Großmarkthalle, Kochelseestr. 13
60 Restaurant Halali, Schönfeldstr. 22
61 Andechser am Dom, Weinstr. 7a
62 Nürnberger Bratwurst Glöckl am Dom, Frauenplatz 9
63 Münchner Haupt', Zielstattstr. 6
64 Bratwurstherzl, Dreifaltigkeitsplatz 1
65 Paulaner im Tal, Tal 12

Bayerischer Barock: Lohwinden in der Hallertau

LANDGASTHOF ZUM RABEN

ARNSBERG

Schloßleite 1
85110 Kipfenberg-Arnsberg
Tel. 0 84 65 / 9 40 40

ANFAHRT
Auf der Autobahn A 9 München–Nürnberg, Ausfahrt Denkendorf,
über Denkendorf nach Kipfenberg, dort links abbiegen
und der Wegweisung 6 km nach Arnsberg folgen.

ÖFFNUNGSZEITEN
Täglich ab 8 Uhr; warme Küche von 11.30 bis 14 Uhr und 17.30 bis 21 Uhr,
nachmittags kleine Karte.

SPEZIALITÄTEN
Altmühltaler Lamm von der Leber bis zum Filet in etlichen Varianten,
Forelle, im Herbst Wild und Karpfen, hausgemachter Apfelstrudel.
Preislage: günstig bis mittel.

TIPP
Die Wirtsleute haben rund um das Haus einen »Schmetterlingspark« angelegt.
Das klingt größer als es ist, aber wie bei einem Naturlehrpfad zeigen
Tafeln die Stauden, Gehölze und Gräser, von denen die über
60 Schmetterlingsarten leben, die im Altmühltal noch vorkommen.
Mit viel Glück kann man sogar Falter aus den Puppen schlüpfen sehen.

KÜCHE ★★   AMBIENTE ★★

ARNSBERG

Im Raben dreht sich alles ums Lamm. Wirt Hans Bertuleit ist eine der treibenden Kräfte beim Projekt »Altmühltaler Lamm«, das vor etwa drei Jahren aus der Taufe gehoben wurde. Die Initiative hat sich zum Ziel gesetzt, die Kulturlandschaft entlang der Altmühl, eine der ältesten Europas, zu erhalten.

Die Wacholderweiden prägen seit Jahrhunderten das Bild in dem gewundenen Tal der Altmühl. Bizarr ragen die Wacholdersträucher aus den Magerrasenflächen. Vielerorts hat sich schon wieder der Kiefernmischwald der Weideflächen bemächtigt, weil kaum mehr Schafe die Wiesen abgrasen.

Die Macher des Altmühltaler Lamm-Programms unterstützen die Schafzucht vor allem, indem sie den Wanderschäfern ihre Produkte abkaufen und sie vermarkten. Bei Bertuleits ist es das Fleisch der Lämmer, die regelmäßig auch an den Hängen hinter dem Gasthaus weiden.

Von der Suppe bis zum Hauptgericht, das Lamm steht in etlichen Varianten auf der Speisekarte. Selleriesuppe mit Lammstreifen, Bratwurst vom Lamm, Leber süßsauer, alles wird mit großer Sorgfalt und viel Enthusiasmus für das Produkt zubereitet.

Weil hier ganze Tiere verarbeitet werden, stehen auch nicht – wie sonst üblich – nur Edelteile wie Filet oder Keule auf der Karte. Aus den Knochen wird der Lammjus gekocht, mit dem das Gulasch aufgegossen wird. Wunderbar zart sind die Fleischstücke, kräftig mit Paprika gewürzt ist die sämige Soße, die wie beim klassischen Gulasch aus der großen Menge Zwiebeln entsteht, die mit dem angebratenen Fleisch geschmort werden.

Fein und mild ist die Buttermilchsoße zum klassischen Lammbraten von der Keule, das »Schäufele fränkische Art« wird im Ofen gebraten, bis das Schulterstück schön gebräunt ist.

»Kurze Wege, große Wirkung«, das Motto des Gasthauses gilt auch für die Alternativen zum so geschätzten Lamm: Die Bauernente kommt aus der Nachbarschaft, ebenso die Forellen, die Müllerinart, blau oder auch in Frankenweinsoße zubereitet werden. Die Fischzucht liegt in Sichtweite nahe der Altmühl und hat eine eigene Quelle.

Und auch das Verdauungsschnäpschen hat keine langen Wege hinter sich, die feinen Brände kommen aus der Edelbrennerei Mayer in Eichstätt.

LANDGASTHOF HOFMETZGEREI SIEBLER

WOLNZACH

Egg 9
85283 Wolnzach
Tel. 0 84 42 / 36 95

ANFAHRT
A 9 (Nürnberg), Ausfahrt Wolnzach, von dort Richtung Au/Hallertau, nach ca. 5 km rechts nach Egg abbiegen, von dort 3 km der Beschilderung folgen.

ÖFFNUNGSZEITEN
Täglich von 8 bis 24 Uhr. Mittwoch Ruhetag.

SPEZIALITÄTEN
Wurst, Schinken und Fleisch aus der eigenen Metzgerei, freitags ab 9 Uhr kesselfrische Weißwürste, am Samstag Schlachtschüssel (vorbestellen); unfiltriertes Bier von der Schloßbrauerei Au.
Preislage: sehr günstig.

TIPP
Machen Sie in Egg unbedingt einen Spaziergang und genießen sie die herrlichen Blicke über die Bier-Toskana.

KÜCHE ★★   AMBIENTE ★★

Sanfte Hügel, Weiden und Äcker, dazwischen immer wieder Zwiebeltürme und Hopfengärten – wir sind im Herzen der Bier-Toskana, der Hallertau. Ganz versteckt zwischen sattgrünen Hügeln liegt der kleine Weiler Egg mit dem Landgasthof Siebler.

Von außen sieht das Anwesen aus wie viele in der Hallertau: Ein großer Hof mit Stall und Wirtschaftsgebäuden, niemand würde hier ein Wirtshaus vermuten, so eines schon gar nicht. Denn das Rückgrat dieses Betriebs ist die Metzgerei, in der noch selbst geschlachtet wird. Junior-Chef Ludwig Siebler hat vor drei Jahren in einer Hau-Ruck-

Auf die Schiefertafel werden die Tagesgerichte geschrieben

Aktion ein blitzsauberes, EU-gerechtes Schlachthaus im Wirtschaftsgebäude untergebracht. Ein Kraftakt, den viele größere Metzger nicht bewältigten und deshalb das Schlachten aufgaben.

Hier produziert Ludwig nun bodenständige Wurstwaren und Schinken, die im hofeigenen Metzgerladen verkauft werden. Hier kann man sich auch Brotzeiten mit Bratensülze, Presssack und Leberkäs zusammenstellen, die man sich dann in der Gaststube im ehemaligen Stall unter einer Gewölbedecke oder an den Tischen im Hof schmecken lassen kann.

Der ehrgeizige Ludwig ist auch ein hartnäckiger Tüftler. Nach über zwei Jahren intensiven Experimentierens hat er vier neue Fleischprodukte im Angebot, die alle echtem Naturhopfen ihr feinherbes

Aroma verdanken. Zum Ersten ein edler luftgetrockneter Schinken, der aus dem mageren Schweinerücken gemacht wird. Mit Hallertauer Hopfen aromatisiert, reift er über neun Monate in der Klimakammer der Metzgerei. Diese aufwändige Apparatur schafft trockene Luft – wie sie in Zentralspanien oder Norditalien natürlich vorherrscht und so ideal für die Schinkenproduktion ist. Die zweite Neuheit ist ein ebenfalls mit Naturhopfen behandelter Keulenschinken, der über Buchenrauch heiß gegart wird und dabei einen interessanten, intensiven Geschmack entwickelt.

Prost und an Guadn: Antonie und Michi Siebler

Vervollständigt wird die Palette mit zwei Wurstsorten: Einer Salami, die mit Hopfen aromatisiert wird und in einer Hülle aus Naturleinen sechs Wochen in der Klimakammer natürlich reift, und einer Variante, die zusätzlich mit Hopfengold, einem bittersüßen Likör, gewürzt wird. Diese wird in Naturdärme gefüllt, bevor sie ebenfalls sechs Wochen natürlich ihrer Vollendung entgegenreift. Wie er den Hopfen genau einsetzt und aufbereitet, möchte Siebler nicht verraten, zu groß ist seine Angst vor Nachahmern. Und die muss er schon ein wenig fürchten, nachdem das Interesse an hochwertigen regionalen Produkten steigt.

Ganz offen ist er dagegen mit der Herkunft des Fleisches: Alles in der Metzgerei verwendete Rohmaterial kommt aus eigener Schlach-

Wegweiser führen zu dem versteckten Anwesen

tung, die Schweine zum allergrößten Teil aus dem eigenen Stall, das Wenige, was er zukauft, aus der unmittelbaren Nachbarschaft: so weiß er genau um die Qualität seiner Rohstoffe.

Die Rinder liefert Sieblers Bruder Michael, der in Thalham bei Freising einen eigenen Hof bewirtschaftet. Die Landwirtschaft in Egg betreibt Vater Michi, Mutter Antonie steht zusammen mit Ludwig im Laden und in der Küche. Ihrem Engagement ist es auch zu verdanken, dass aus einem regelmäßigen Schlachtschüssel-Essen, das in der ganzen Region bekannt war, ein richtiges Gasthaus entstand. In der Saison gibt es jetzt sogar Gerichte mit schussfrischem Wild.

Das Angebot an warmen Speisen wird täglich neu auf die Schiefertafel in der Stube geschrieben. Es ist klein, aber immer frisch. Unter der Woche gibt es Schnitzel, Milzwurst oder Ripperl mit Kraut, am Sonntag Schweinsbraten aus dem Rohr – das Festtagsessen in der Hallertau schlechthin. Dazu ein naturtrübes Helles aus der Schloßbrauerei in Au und der bayerische Himmel ist nah.

SCHLOSSBRÄUKELLER

AU/HALLERTAU

Schloßbräugasse 3
84072 Au/Hallertau
Tel. 0 87 52 / 98 22

ANFAHRT
Auf der Autobahn A 9 Richtung Nürnberg, Ausfahrt Pfaffenhofen.
Bahnfahrer steigen in Freising in den RVO-Bus Richtung Mainburg.

ÖFFNUNGSZEITEN
Mittwoch und Donnerstag 16 bis 24 Uhr,
Freitag, Samstag, Sonntag 10.30 bis 1 Uhr.
Montag und Dienstag Ruhetag, bei Biergartenwetter geöffnet.

SPEZIALITÄTEN
Helles und dunkles naturtrübes Kellerbier;
Spanferkel in Biersoße, gegrillte Ente.
Preislage: günstig bis mittel.

TIPP
Geschlossene Gesellschaften können im alten Sudhaus feiern.
Dort finden die Gäste die größte Sammlung
von Brauerei-Emailschildern in Bayern.

KÜCHE ★★   AMBIENTE ★★★★

AU/HALLERTAU

„Die Kraft der Holledau ist das Bier von Au." Diese Tafel im Schloßbräukeller demonstriert Selbstbewusstsein. Hier im Herzen des Hopfenlandes dreht sich alles ums Bier. Wie sollte es anders sein, neben der Traditionsbrauerei, mitten im größten Hopfenanbaugebiet der Welt.

Seit 1846 gehören Brauerei und Schloss den Freiherren Beck von Peccoz. Die heutigen Bierbarone, Eugen und Michael von Beck, haben aus der Braustätte einen Musterbetrieb gemacht: Modernste Technik im vor einigen Jahren komplett erneuerten Sudhaus und allen

Grünes Hopfenland: die Hallertau

weiteren Produktionsbereichen sorgt für gleichbleibende Qualität, auch ein eigener Hopfengarten gehört zum Betrieb.

Die Familie von Beck hat es verstanden, sich aus dem mörderischen Preiskampf herauszuhalten, den sich die bayerischen Brauereien seit den 70er-Jahren lieferten. Mit ihrer Qualitätspolitik und dem langsamen, aber stetigen Wachstum gelang es ihnen, ihrem Haus die Eigenständigkeit zu bewahren, die es heute auszeichnet.

Die Barone von Beck gingen auch nicht in die Knie, als ihnen die norddeutsche Großbrauerei Beck's verbieten ließ, ihr neues Pils »Becco« zu nennen. Kurzerhand machten sie »Ecco« draus. Zwar mussten tausende von Flaschen wieder eingeschmolzen werden, in die das bemängelte Etikett fest einglasiert war, was eine Stange Geld kostete, aber klein beigegeben haben sie vor dem Brau-Riesen aus dem Norden nicht.

Mit dem Schloßbräukeller haben sie auch ein attraktives Aushängeschild. Die ehemalige Malztenne der Brauerei ist mit echten Solnhofener Platten ausgelegt, die Gäste sitzen unter dem historischen Gewölbe an langen Holztischen. Bei gutem Wetter lockt der einmalig schöne Biergarten unter den Kastanien der prachtvollen früheren Auffahrtsallee des Schlosses. Obwohl die Brauerei mehrere Biere herstellt, wird in ihrem Schloßbräukeller nur unfiltriertes Kellerbier (hell und

Das Schloss der Familie von Beck

dunkel) und Weißbier ausgeschenkt. Das Bier kommt direkt aus dem Lagertank und ist an Frische kaum zu übertreffen. Vor allem die natürlich gebundene Kohlensäure, die dem Gerstensaft bleibt, wenn er ohne größere Umwege ins Glas kommt, macht es zu einem echten Hochgenuss.

Für die Schmankerlküche zum Bier von Adel sorgen Alfons Bösl und seine Frau Marlene. Der gelernte Metzgermeister macht seine Wurstwaren selbst, im Winter gibt es samstags Kesselfleisch und Schlachtschüsseln.

Im Sommer drehen sich Enten und Hühner am Spieß, sehr beliebt sind die verschiedenen Bierbraten und gegrillten Haxn (auch samstags), die der begeisterte 1860-Fan Bösl auf den Tisch bringt. Wer's ein bisschen feiner mag, bekommt auch Wild oder einen zarten Kalbsschlegel in Rahmsoße.

Für Horden von derberen Gesellen gibt's auf Bestellung auch ein Ritteressen, bei dem in den historischen Kellergewölben zu Musik Hendl und Haxn mit den bloßen Händen gegessen werden. Für die Kraft sorgt natürlich jederzeit das ungemein süffige Kellerbier.

Das alte Sudhaus mit der Emailschild-Sammlung

GASTHAUS UND METZGEREI OBERWIRT

KIRCHDORF A. D. AMPER

Sternstraße 20
85414 Kirchdorf a. d. Amper
Tel. 0 81 66 / 73 66

ANFAHRT
Auf der Autobahn A 8 Richtung Nürnberg, Ausfahrt Allershausen,
von dort 7 km nach Kirchdorf.

ÖFFNUNGSZEITEN
Täglich von 9 bis 24 Uhr,
warme Küche von 11.30 bis 14 Uhr und 18 bis 21 Uhr.
Dienstag Ruhetag.

SPEZIALITÄTEN
Fleisch aus eigener Zucht und Schlachtung, Wild aus der eigenen Jagd,
hausgemachte Brotzeiten. Fleisch und Wurst gibt's auch im
Metzgereiladen direkt im Haus. Preislage: günstig.

TIPP
Das Ampertal bietet zahlreiche Möglichkeiten für Radlausflüge.
Stramme Radler können auf dem Hopfenradwanderweg, der wenig weiter
nördlich vorbeiführt, bis weit in die Hallertau radeln.

KÜCHE ★★   AMBIENTE ★★

Ruhig liegt der Biergarten hinter dem stattlichen Haus, fernab von Straßenlärm und anderem Trubel. Trotzdem sollten allzu zart besaitete Gemüter den Garten am Mittwoch meiden. Dann wird nämlich direkt nebenan Großvieh geschlachtet, und in unserer hochentwickelten Welt hat man zwar gern Fleisch auf dem Teller, doch wie es da hinkommt, davon möchten die meisten schon gleich gar nichts mitbekommen.

Doch der Weg des Fleischs auf den Teller ist bei den Schuhbauers, die das Gasthaus 1976 von seinen Eltern übernommen haben, eben das Wichtigste: Alle Fleisch- und Wurstwaren kommen aus der hauseigenen Metzgerei mit Laden, die Metzgermeister Benedikt Schuhbauer leitet. Die Tiere liefern zum einen Teil die eigene Zucht (Galloway-Rinder), zum anderen die Bauern aus der Gegend.

Für den sorgsamen Umgang mit der Ware ist Christine Schuhbauer zuständig. In die Wirtshausküche kam sie als Quereinsteigerin: Eigentlich ist sie Friseurmeisterin, doch das Kochen lernte sie schon von ihrer Mutter. Nach ihrer Heirat mit Benedikt machte sie noch eine Lehre als Metzgereifachverkäuferin, bevor sie von der Schwiegermutter die Weihen der bayerischen Wirtshausküche bekam.

Jeden Tag schreibt sie die Speisekarte neu, und auf der findet sich Deftiges wie Schweinsbraten oder Tellersülze und Feineres wie Rehbraten oder das Kalbszüngerl mit Schnittlauchsoße, bei dem auch verwöhnte Esser mit der Zunge schnalzen.

Die Gäste sitzen in der original erhaltenen Stube mit Holzboden an rohen Tischen, von denen ein paar hübsch weiß und blau eingedeckt sind. In die dunkle Täfelung sind Vitrinenschränke eingebaut, in denen alte Bierkrüge stehen. Vor dem Kachelofen sitzen die Stammtischler, von denen die älteren am Vormittag zum Frühschoppen kommen. Schützenverein, Gesangsverein und Bläsergruppe haben hier ihr Heim. Bei großen Festen wie Hochzeiten können 250 Gäste bewirtet werden. Wie es sich früher für ein Dorfgasthaus gehörte. Und gerade heute ist so etwas umso schöner.

BEIM WIRT Z'LOH

DORFEN

Loh 6
84405 Dorfen
Tel. 0 80 82 / 52 11

ANFAHRT

Auf der B 15 von Dorfen 2 km in Richtung Haag/Obb.,
dann links Richtung Schwindkirchen abbiegen (8 km),
dort wieder links Richtung Wasenregernbach,
nach ca. 1,5 km nach Loh abbiegen.

ÖFFNUNGSZEITEN

»Wenn jemand da ist, ist auf.«
Montag und Dienstag Ruhetag.

SPEZIALITÄTEN

Kräftige Brotzeiten, dazu das Bier von Nikolaus Lohmeier,
dem Bräu z'Loh, der gegenüber dem Wirtshaus
eine kleine und feine Landbrauerei betreibt.

TIPP

Die Kirche unserer Lieben Frau zu Dorfen auf dem Hügel nördlich
der Stadt war eine der bedeutendsten Wallfahrtskirchen Altbayerns.
Der alte Dorfener Marktplatz sucht seinesgleichen.

KÜCHE
★

AMBIENTE
★★★

DORFEN

Hier im hügeligen Bauernland nordöstlich von München schlägt das Herz Altbayerns. In der Stadt Dorfen kam es kurz nach der Jahrhundertwende zu einem blutigen Aufstand, weil es die beiden ansässigen Wirtsbrauereien wagten, den Bierpreis um einen Pfennig zu erhöhen.

Nicht weit von Dorfen entfernt stand die Wiege eines der letzten Parade-Bayern: In der Einöde Loh wurde der Autor Georg Lohmeier geboren, dieser belesene und beredte Kämpfer für den Erhalt der bayerischen Kultur.

Die urgemütliche Stube mit Holzofen und auf Schlitten gebauten Tischen

Sein Neffe Gerhard bewirtschaftet zusammen mit seiner Frau Anna den Hof mit der dazugehörigen Wirtschaft, oder sollte man besser sagen, die Wirtschaft mit dem dazugehörigen Hof? Gerhard Lohmeier, der Bauer und Wirt z'Loh erklärt es so: »Früher waren wir Bauern, die ein Wirtshaus hatten, heute sind wir Wirte, die eine Landwirtschaft betreiben.«

Gerhard Lohmeier ist Bauer mit Leib und Seele, den Beruf ergriff er gegen den Willen seiner Eltern, die ihn erst einmal auf den Bau zur Installateurlehre schickten. Die Kenntnisse, die er dort erwarb, kann er heute bestens brauchen: Er hat alle Umbauten am Haus selbst durchgeführt, von der Sanierung der Hausmauern, die mehrere hundert Jahre auf dem Buckel haben, bis zum Umbau des Rossstalls.

In dem ehemaligen Stall ist heute die interessanteste Gaststube untergebracht: Der Boden ist mit alten Steinplatten verlegt, die Gäste sitzen auf alten Bänken, bei drei Tischen besteht der Unterbau aus alten Schlitten, mit denen früher im Winter das aus den Weihern geschnittene Eis in die Keller transportiert wurde. Im Sommer sitzt man auf der sonnigen Terrasse hinter dem Haus – weitab von Straßenlärm und städtischer Hektik.

Das Angebot an Essen ist klein, aber von hoher Qualität: Unter der Woche gibt es nur Brotzeiten, das Bier kommt von gegenüber, wo

Georg Lohmeier wurde hier in Loh geboren

Gerhards Cousin Nikolaus Lohmeier, der Bräu z'Loh, seine kleine und feine Landbrauerei betreibt. Die Biere haben Kult-Status und sind nicht leicht zu bekommen. Die Schnäpse bezieht der Wirt von seinem Schwager, der mit seinen Bränden in Österreich schon mehrere begehrte Auszeichnungen einheimsen konnte.

Warmes Essen gibt es nur Freitag- und Samstagabend oder auf Vorbestellung, am Sonntag und an Feiertagen gibt's einen warmen Mittagstisch – wie in einer Bauernwirtschaft halt. Lohmeier, der immer noch 100 Mastbullen im Stall stehen hat, obwohl es sich genau gerechnet nicht mehr lohnt, hat kein Problem damit, wenn ihn jemand als Bauernwirt bezeichnet. »Im Gegenteil«, sagt er, »da bin ich richtig stolz drauf.«

RADI

Der Radi (Rettich) ist die klassische »Gemüsebeilage« zur Biergarten-Brotzeit. Auch auf einem bayerischen Buffet darf die würzige Wurzel nicht fehlen, außer sie wird durch Radieserl (Radieschen) würdig vertreten. Nach altem Brauch pappt man im Biergarten kleinen Kindern das »Radikapperl« auf die Stirn. »Wenn's haften bleibt, sind die Kinder g'scheit«, stellte auch der Münchner Autor Sigi Sommer (»Der Spaziergänger«) fest.

Die Herkunft des Rettichs lässt sich über 3000 Jahre bis nach China zurückverfolgen. Dort wurde er allerdings meist geschmort gegessen.

In Ägypten war zur Zeit des Pyramidenbaus Rettich neben Zwiebeln und Knoblauch das Nahrungsmittel schlechthin, weil er vor Infektionen schützt. Abbildungen in Gräbern bezeugen seine Verwendung und Verbreitung in der damaligen Zeit.

Auch die Römer kannten seinen Nutzen und schätzten ihn, obwohl er als »unanständige Speise« galt. Plinius berichtete, dass er »eine merkwürdige Kraft hat, Winde zu erzeugen und Rülpse loszulassen«. Über die Alpen kam der Rettich mit römischen Soldaten, die erstaunt waren über die guten Wuchsbedingungen, die der Rettich hier vorfand.

Geschätzt wird er heute vor allem wegen seiner positiven Wirkung auf die Leber. Durch seinen hohen Gehalt an Vitamin C (ein Bierrettich deckt den Tagesbedarf eines Erwachsenen) schützt er vor »freien Radikalen«. Der hohe Gehalt an Mineralien wie Kalium, Magnesium, Kalzium und Phosphor macht ihn zu einer idealen Grundlage fürs Bier. Seine schwefelhaltigen Senföle regen die Galle an und wirken schleimlösend. Pfarrer Kneipp konstatierte, »dass Lungenkrankheiten durch Rettichsaft geheilt werden, solange die Lunge noch keine Löcher hat«.

Rettich wird fein aufgeschnitten und dann sorgfältig gesalzen. In manchen bayerischen Haushalten findet man einen Radischneider, der die Wurzel zu einer fast endlosen Spirale schneidet, in Biergärten übernehmen diese Arbeit spezielle Maschinen. Durch das Salz bricht die Zellstruktur auf, der Rettich verliert Wasser – er »weint«, wie der Volksmund sagt. Das macht ihn bekömmlicher und das Salz beugt dem Mineralverlust vor, wenn's doch einmal ein Bier zu viel wird.

KLOSTERBRÄUSTÜBERL

AU AM INN

Klosterhof 3
83546 Au am Inn
Tel. 0 80 73 / 12 09

ANFAHRT
Auf der B 12 nach Haag i. Obb.,
von dort ca. 10 km über Gars nach Au am Inn.

ÖFFNUNGSZEITEN
Täglich von 12 bis 24 Uhr.

SPEZIALITÄTEN
Deftige Brotzeiten;
das dunkle Export der Klosterbrauerei ist eine Sensation.
Preislage: günstig.

TIPP
Die sehenswerte barocke ehemalige Augustinerchorherren-Stiftskirche,
die heutige Pfarrkirche St. Maria.

KÜCHE
★

AMBIENTE
★★★

AU AM INN

Nach Au lockt in erster Linie das Bier. Das dunkle Export von Hubert Gassner ist einmalig gut. Der Chef braut seinen Parade-Sud mit stärker gedarrtem (geröstetem) Malz und hilft nicht etwa mit Lebensmittelfarben nach. Das schmeckt man und das liebt man hier in der großen Innschleife, in der die Zeit scheinbar ein bisserl mehr stehengeblieben ist als anderswo. Wären die Augustinermönche 1803 nicht durch die Säkularisation aus dem Kloster vertrieben worden, sie stünden womöglich noch heute an der Sudpfanne. Später zogen wieder Ordensleute ins Kloster, diesmal Franziskanerinnen, die hier heute ein Internat für geistig behinderte Kinder betreiben.

Mit Brauerei und Bräustüberl haben sie nichts mehr zu tun, die gehören der Familie Gassner. Ausgeschenkt werden ein Märzen, dunkles und helles Export. Diese Biere braut Hubert Gassner selbst in der Kosterbrauerei. Das Brauerhandwerk hat der 33-Jährige von seinem verstorbenen Vater Toni erlernt. Das Weißbier kommt von einer kleinen Landbrauerei aus der Gegend.

Das Stüberl, das schon schwärmerisch als ein »Traum von einem Bräustüberl« beschrieben wurde, ist tatsächlich von verschandelnden Umbauten verschont geblieben und verströmt mit seiner dunklen Holztäfelung den Charme einer guten alten Zeit. An langen rohen Tischen unter dem historischen Tonnengewölbe gibt's kräftige Brotzeiten wie Wurstsalat oder Presssack, die die rechte Unterlage für die Bierspezialitäten abgeben. Im Winter bullert der Kachelofen, im Sommer sitzt es sich wunderbar im Hof mit seinen alten Kastanien.

Das Kloster von Au am Inn

BRÄU IM MOOS

TÜSSLING

Bräu im Moos 1
84577 Tüßling
Tel. 0 86 33 / 10 41

ANFAHRT
Auf der B 12 Richtung Passau, 5 km hinter Mühldorf im Ort Weiding rechts nach Tüßling, von dort ist der Bräu im Moos gut ausgeschildert. Bahnfahrer steigen in Mühldorf Richtung Tüßling um, vom Bahnhof Tüßling sind es ca. 3 km zu Fuß.

ÖFFNUNGSZEITEN
Dienstag bis Sonntag 8 bis 23 Uhr,
warme Küche von 11 bis 14 Uhr und 17.30 bis 21.30 Uhr,
kleine Speisen auch nachmittags.
Montag Ruhetag, außer an Feiertagen, dann ist Dienstag Ruhetag.

SPEZIALITÄTEN
Sieben Sorten hausgebrautes Bier; Wild in allen Variationen,
frische Forellen, hausgemachte Kuchen.
Preislage: günstig bis mittel.

TIPP
Der Bräu im Moos ist ganz besonders kinderfreundlich. Die Kleinen haben im Garten ihr eigenes Spielhaus und in der Wirtsstube gibt's Mal- und Spielsachen.

KÜCHE ★★★　　　AMBIENTE ★★★

TÜSSLING

Bei einem hausgebrauten Bier unter Kastanien sitzen, auf dem Teller ein bayerisches Schmankerl, den Blick in ein Wäldchen mit Wildgehege schweifen lassen – was will man im Sommer mehr? Ruhig und beschaulich geht es hier zu, weit östlich von München, mitten im Landschaftsschutzgebiet Mörnbachtal, wo beim Bräu im Moos bayerische Brau- und Wirtshaustradition zelebriert wird.

Sieben Sorten Bier braut die Familie Münch, Helles, Dunkles, Weißbier und Pils sowie je nach Jahreszeit typische Bockbiere. Seit 1870 wird hier gebraut. In der vierten Generation führen das Haus jetzt Braumeister Eugen Münch und seine Frau Andrea, eine gebürtige Wasserburgerin, die ebenfalls in einer Brau- und Wirtsfamilie groß geworden ist.

Die eiweißreichen Treber, die beim Brauen anfallen, werden an das Rotwild verfüttert, das im Wirtshaus in verschiedensten Varianten angeboten wird. Ganz seltene Schmankerl sind die Hirschsülze, der Hirschschinken und die Hirschsalami. Wer's mit dem Wild nicht so hat, der bekommt eine ordentliche Auswahl bayerischer Brotzeiten, warme bayerische Schmankerl oder frische Forellen. In der Saison gibt es Spargel oder Schwammerl.

Die Familie Münch hat im Untergeschoss des Wirtshauses ein Brauereimusuem eingerichtet. Es zeigt mit vielen historischen Werkzeugen und Geräten, wie in früheren Zeiten das Bier gebraut wurde. Sehenswert ist auch die Sammlung alter Krüge. Die historischen Humpen sind aus Glas, Steingut und sogar aus Speckstein gearbeitet.

Hier leben auch die Hirsche vom Bier

GASTHOF ZUR POST

TRUCHTLACHING

Chiemseestraße 2
83376 Truchtlaching
Tel. 0 86 67 / 80 92 36

ÖFFNUNGSZEITEN
Täglich von 10 bis 24 Uhr,
Küche von 11.30 bis 14 Uhr und 17.30 bis 21.30 Uhr,
nachmittags Brotzeiten.
Mittwoch Ruhetag.

ANFAHRT
Auf der B 304 über Wasserburg und Altenmarkt nach Stein an der Traun,
von dort 5 km nach Truchtlaching.
Oder auf der A 8 München–Salzburg bis Ausfahrt Grabenstätt,
von dort über Chieming 15 km bis Truchtlaching.

SPEZIALITÄTEN
Je nach Angebot und Saison: Zander unter der Kräuterkruste, Wildschweinbraten,
Lamm aus der elterlichen Landwirtschaft.

TIPP
Für Zigarrenliebhaber hält Franz Posch in einem Humidor
eine sehr gepflegte Auswahl bereit.

KÜCHE ★★★★   AMBIENTE ★★

TRUCHTLACHING

Auch eine bodenständige, bayerische Küche hat Entwicklungspotenzial. Auf eindrucksvolle Art beweist das Franz Posch in seinem Gasthof zur Post in Truchtlaching. Der aus dem Chiemgau stammende Posch hat viel Erfahrung in der Gourmetküche gesammelt: Er arbeitete mehrere Jahre im Münchner Hilton-Grill, als dieser noch zu den ersten Adressen der Stadt gehörte.

Und mit den Techniken der großen Küche entwickelt er nun die bayerische Küche auf seine Art weiter. Er setzt auf die Saison und wo immer möglich auf Lieferanten aus der Region. Lamm bezieht er bevorzugt vom elterlichen Hof im benachbarten Sondermoning, von den Bienenvölkern des Vaters stammt auch der Honig, den Posch in seinen hausgemachten Desserts verwendet. Wild liefern die Jäger aus den umliegenden Jagden, Fische wie Saibling und Forellen kommen aus dem Chiemsee und nahe gelegenen Weihern.

Poschs Gerichte spannen einen Bogen vom Traditionellen wie saurem Kalbslüngerl mit Knödel und Schweinsbraten mit Semmelknödel über Zander unter Kräuter-Meerrettich-Kruste auf Blattspinat mit Reis bis zum Lammcarré auf Aromaten mit Paprikagemüse und Kartoffelgratin.

Das Gasthaus zur Post in Truchtlaching steht neben dem Maibaum mitten im Dorf

Dass alle Gerichte, bis auf die Braten natürlich, à la Minute zubereitet werden, ist für Posch eine Selbstverständlichkeit – auch bei den Rahmpfifferlingen, die in anderen Küchen oft Stunden fertig zubereitet auf dem Herd vor sich hinköcheln. Hier werden die Pilze frisch angeschwenkt und fertiggestellt. Fleisch und Fisch sind stets auf den Punkt gegart. Bei seinen Soßen auf Naturbasis erzielt Posch einen klaren, natürlichen und dabei stets kräftigen Geschmack; dicklich sind sie nie.

Poschs besondere Liebe gilt den Braten, die vor allem samstags und sonntags auf der Karte stehen. Hier versteht man sich auf die Zubereitung großer Fleischstücke, eine Kunst, die fast in der Versenkung verschwunden ist. Oft wird andernorts nur noch der Schweinsbraten gepflegt, der durch seinen höheren Fettgehalt nicht so schwer zuzubereiten ist. Richtig schwierig wird es bei sensiblen mageren Stücken, sei es vom Kalb oder Wild. Posch hat es raus: Saftig und mit dem ganzen Eigengeschmack kommen die Braten auf den Tisch, die Sauce immer gut abgestimmt, nie wird der Charakter des Fleischs verfälscht, auch achtet er auf passende Beilagen. Eine Kartoffelknödel-Monokultur wird man hier nicht finden.

Poschs Erfahrung, die er in großen Häusern wie dem Hilton sammeln konnte, kommt auch der Bewirtung in seinem großen Festsaal zugute: Er hat es gelernt, für 100 Gäste Top-Qualität zu liefern. Das haben auch die Firmen bemerkt, die bis aus München kommen, um Feiern im größeren und kleineren Kreis abzuhalten.

Auch auf der Dessertkarte treffen sich Tradition und Moderne, die Apfelkücherl werden mit Vanilleeis serviert, der Gratin von Waldbeeren mit Pistazieneis. Auch hier gilt: alles frisch und auf dem Punkt.

Posch leitete sechs Jahre lang die Klostergaststätte Seeon, bevor er die Post zusammen mit seiner Lebensgefährtin Elisabeth Fassnauer übernahm und das

Eingespieltes Duo: Elisabeth Fassnauer und Franz Posch

Haus mit dem Eigentümer, der Brauerei Baumburg (Trostberg), gefühlvoll renovierte. Vor dem Haus sitzt man unter altehrwürdigen Kastanien, immer wieder kommen Radler vorbei, die die lohnende Radtour um den Chiemsee machen und zu einer Brotzeit in der Post einkehren.

So präsentiert sich heute das Publikum so bunt gemischt, wie es sich für ein Dorfgasthaus gehört. Stammtischler sitzen in der kleinen Stube beim Ausschank, in der großen Stube mischen sich Familien aus dem Dorf mit Urlaubern und Geschäftsleuten aus München oder Rosenheim. Und alle finden ihr passendes Gericht moderner bayerischer Küche.

MEERRETTICH

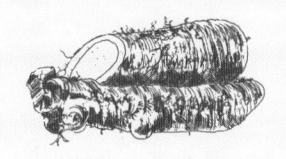

Frisch gerieben hat Meerrettich eine Schärfe, die einem das Wasser in die Augen treibt. Der »Kren«, wie er in Bayern und Österreich und bis ins norditalienische Friaul genannt wird, ist eine ideale Beigabe zu Fleisch, gebratenen Würsten und auch Fisch.

Seine Schärfe bezieht er aus seinen Senfölen, die durchblutend und desinfizierend wirken. Sie regen die Verdauung an, was gerade bei Fleischspeisen von großem Nutzen sein kann. Zu gekochtem Ochsenfleisch oder Bratwürsten vom Rost wird er gern frisch gerieben und pur gegessen, zu Fisch wird er mit Sahne abgemildert.

Mit Apfelmus vermischt wird er zum »Apfelkren«, einer weniger scharfen Variante. Milder sind auch die verschiedenen hellen Soßen, die mit Meerrettich abgeschmeckt werden.

»Meerrettich lüftet den Geist«, sagt der Volksmund, und wer ihn ordentlich einschnauft, bekommt Schnupfen und Erkältungen schneller los. In manchen Gegenden Bayerns legen Mütter ihren erkälteten Kindern Ketten mit Meerrettich-Stückchen um den Hals und packen sie dann ins warme Bett.

Gesund machen ihn neben den Senfölen auch die enthaltenen Mineralien Kalzium und Kalium und verschiedene B-Vitamine. In den Monaten mit »r« ist sein Vitamin-C-Gehalt doppelt so hoch wie der von Zitrusfrüchten. Er putzt nicht nur die Atemwege durch, sondern regt den gesamten Stoffwechsel und die inneren Organe an, vor allem Leber, Galle und Niere.

GASTHOF HINTERWIRT
ÜBERSEE-FELDWIES AM CHIEMSEE

Dorfstraße 35
83236 Übersee-Feldwies am Chiemsee
Tel. 0 86 42 / 2 28

ANFAHRT
Auf der Autobahn A 8 München–Salzburg, Ausfahrt Übersee-Feldwies,
von dort zur Kirche in der Dorfmitte.
Vom Bahnhof Übersee sind es zehn Minuten zu Fuß.

ÖFFNUNGSZEITEN
Täglich ab 7 Uhr geöffnet,
warme Küche von 11.30 bis 13.30 Uhr und 18 bis 20.30 Uhr.
Montag Ruhetag.

SPEZIALITÄTEN
Fleisch und Wurstwaren aus eigener Schlachtung und Metzgerei,
Sülzen, Schlachtplatten, Schweinshaxn mit
handgeriebenen Kartoffelknödeln, Windbeutel.
Preislage: günstig bis mittel.

TIPP
Der Hinterwirt liegt direkt am Chiemsee-Radrundweg und hat eine eigene Fahrradgarage.
Zum Übernachten bieten sich acht komfortable Doppelzimmer an.

KÜCHE
★★

AMBIENTE
★★

ÜBERSEE-FELDWIES AM CHIEMSEE

Diese Kartoffelknödel sind eine Schau: handgerieben und mit gerösteten Weißbrotwürfeln gefüllt. Und zu jedem Braten bekommt man zwei Stück. Der Hinterwirt der Familie Trummer ist noch ein Familienbetrieb der alten Art. Mutter und Schwiegertochter stehen in der Küche – nicht allein nur für ihre berühmten Knödel natürlich –, der Vater ist Metzgermeister, und der Sohn ist der Wirt und ebenfalls Metzgermeister.

Geheimnis der Qualität beim Hinterwirt ist die Handarbeit, will sagen: das Hausgemachte. Angefangen von Fleisch und Wurst aus der

Ohne Belästigung durch Verkehrslärm sitzt man auf der Terrasse vor dem Hinterwirt

eigenen Schlachtung. Dienstags gibt es Innereien, wobei die gebackene Schweineleber ein besonderer Renner ist. Dann gibt es auch »Wellfleisch« (der Name kommt vermutlich vom wallenden Kochwasser), einen frisch gekochten Schweinebauch.

Am Mittwoch und Samstag stehen speziell Schweinshaxn auf dem Programm. Saftig gegrillt – und dazu gibt's natürlich auch zwei der berühmten Knödel, was eigentlich selbstverständlich ist.

Dass hier auch Semmelknödel und Spätzle hausgemacht sind, versteht sich ebenfalls von selbst. Spätzle werden zum zarten Rahmbraten vom Milchkalb serviert und zum Wild, das es je nach Saison aus den umliegenden Jagden gibt. Sehr zart ist der Hirschschlegel mit Rahmsoße, kräftiger im Geschmack und im Biss das Hirschragout.

Wer nach Genuss dieser Hauptspeisen noch Platz hat, was bei diesen Portionen nicht so unbedingt der Fall sein dürfte, sollte die frischen, hausgemachten Windbeutel probieren. Der knusprige Brandteig wird mit Kirschen und Vanilleeis gefüllt.

Das Publikum im Hinterwirt ist bunt gemischt, wobei die Einheimischen die kleine alte holzgetäfelte Stube mit dem Kachelofen vorziehen. Die Feriengäste aus Norddeutschland sitzen selbst bei zweifelhaftem Wetter recht gerne im lauschigen Gastgarten vor dem Haus mit seiner denkmalgeschützten Fassade, oder bei wirklich schlechtem

Einladend: der Hinterwirt in Übersee mit seiner denkmalgeschützten Fassade

Wetter in der großen wohnzimmerartigen Gaststube des über 400 Jahre alten Hauses.

Am Nachmittag gibt es für Wanderer und Radler, die die große Chiemseerunde machen, ein große Auswahl an Brotzeiten aus der Metzgerei, unter anderem »Überseer Schwarzgeräuchertes«; das ist ein Schlegel vom Schwein, der heiß geräuchert und dann in der Selch nachgegart wird.

Und wer noch immer Fleischeslust verspürt, kann im blitzsauberen Metzgereigeschäft vom Kalbfleisch bis zu hausgemachten Sülzen und Presssack alles für zu Hause kaufen und – wer partout nicht mehr weiter will, wird in der familieneigenen Pension mit komfortablen Zimmern untergebracht.

KEINE BROTZEIT OHNE BREZEN

(Einzahl Brezn). Wo das braune verschlungene Gebäck seinen Ursprung hat, wird sich wohl, wie bei der Weißwurst auch, nie zu aller Zufriedenheit klären lassen.

Die Schwaben beanspruchen die Erfindung für sich, und sie soll sich im Jahr 1477 auf der Schwäbischen Alb zugetragen haben. Dort versprach nach der Legende Graf Eberhard von Bart einem zu Tode verurteilten Bäcker das Leben, wenn er binnen drei Tagen ein Stück Gebäck erfinden würde, durch das drei Mal die Sonne scheine. Die lebensrettende Idee kam dem armen Handwerker, als er eine Frau mit verschränkten Armen sah. Doch bevor er sein Gebäck mit den verschlungenen Teig-Ärmchen in den Ofen schieben konnte, sprang seine Katze auf das Blech und das Werk fiel in einen Putzeimer mit Lauge. Der Bäcker versuchte es trotzdem und das legendäre Gebäck war geboren.

Eine neuzeitliche Version stammt aus München, wo im Jahr 1839 der Königlich-Württembergische Gesandte Wilhelm Eugen von Ursingen zu Besuch in die Landeshauptstadt kam. Wie gewohnt bestellte er beim Frühstück im Kaffeehaus des Königlichen Hoflieferanten Johann Eilles in der Residenzstraße Brezen und erlebte eine salzige Überraschung: Der Lehrling im Backhaus hatte die Brezen versehentlich statt mit dem üblichen Zuckerwasser mit Natronlauge glasiert ...

Die heutigen Brezen bestehen aus einem Weizenmehlteig mit einem höheren Fettanteil. Früher wurden sie den Gastwirten in der Früh von den Bäckern geliefert.

Das hatte zur Folge, dass Brezen mittags aus oder die verbliebenen hart und trocken waren. Heute werden sie vielfach als gefrorene Teiglinge angeliefert, die vor Ort, in der Regel in speziellen Öfen, aufgebacken werden. Dadurch hat ein aufmerksamer Wirt den ganzen Tag Brezen zur Verfügung, wie man sie sich wünscht: verführerisch duftend, von sattem Braun, an manchen Stellen leicht aufgesprungen, knusprig, aber nicht zu hart. Manchmal sind die Brezen so gut, dass sie mit süßem Senf zusammen eine Brotzeit fast überflüssig machen.

MESNER-STUB'N

PRIEN

Urschalling 4
83209 Prien
Tel. 0 80 51 / 39 71

ANFAHRT
Auf der Autobahn A 8 Richtung Salzburg, Ausfahrt Bernau,
von dort 3 km Richtung Prien, dann links nach Urschalling.
Bahnfahrer steigen in Prien in die Chiemgaubahn und fahren bis zur Haltestelle
Urschalling, von dort sind es nur ein paar Minuten zu Fuß.

ÖFFNUNGSZEITEN
Montag bis Samstag 15 bis 1 Uhr, Sonntag und Feiertag 10 bis 1 Uhr.
Dienstag Ruhetag.

SPEZIALITÄTEN
Fleischpflanzerl, gelegentlich Lamm aus eigener Zucht;
helles Export vom Holzfass,
höllisch scharfer Kräuterschnaps nach einem geheimen Hausrezept.
Preislage: günstig.

TIPP
Nehmen Sie sich genug Zeit für das Kircherl St. Jakobus
mit seinen wertvollen Fresken aus dem 12. Jahrhundert.

KÜCHE ★

AMBIENTE ★★★

PRIEN

Wenn man nach Urschalling kommt, möchte man sich fast die Augen reiben um sicher zu sein, dass man wirklich nicht träumt. Zwei Kilometer vom sommerhektischen Prien entfernt mit seinen Reisebussen und Drive-in-Hamburger-Stationen: ein Ort der Ruhe und Beschaulichkeit. Wie hingemalt duckt sich das Wirtshaus vor dem Kircherl, dessen Messner jahrhundertelang das Haus bewohnten, als die Kirche noch als Ortskirche diente und regelmäßig die Messe gelesen wurde.

Um 1100 herum wurde hier erstmals eine Hochzeit verzeichnet. Das dem heiligen Jakobus geweihte Kirchlein ist berühmt durch seine einzigartigen Fresken aus dem 12. Jahrhundert, die Anfang der vierziger Jahre freigelegt wurden.

Das Kulturdenkmal ist auch der Grund, warum gelegentlich ein Reisebus diesen Winkel ansteuert. In den Mesner-Stub'n sind Bus-Touristen nicht sonderlich willkommen, hektisches Abfüttern liegt der Wirtsfamilie fern. »Die Leute sollen sich Zeit nehmen zum Essen«, betont Junior-Chef Andreas Blank, der sich mit seinen Eltern Simon und Erika die Arbeit teilt.

Kochen können sie alle drei. Die wenigen warmen Speisen, die sie jeden Tag frisch anbieten, werden auf eine Tafel geschrieben; was aus ist, wird ausgestrichen. Verhungern wird aber trotzdem garantiert niemand, die Brotzeit-Karte bietet alles, was das bayerische Herz begehrt: von »Kassalad« bis zur »hausgemachten Suizn« mit Bratkartoffeln. Das Bier kommt in kleinen Holzfässern vom Hofbräuhaus Traunstein.

Das Kircherl ist berühmt für seine Fresken

Auf zwei Dinge sollten neue Gäste besonders achten: Der Stammtisch wird ganz eisern für die Stammtischler freigehalten, seien die noch so weit und sei es in der Stube und vor dem Haus auch noch so voll. Und wenn Simon Blank seinen Kräuterschnaps anbietet, muss man sich auf etwas gefasst machen: Er ist giftgrün und schmeckt noch viel schärfer, als er aussieht. Drum heißt er auch »Urdei« – Urschallinger Deife.

GASTHOF ZUR POST (HIRZINGER)

SÖLLHUBEN

Endorfer Straße 13
83083 Söllhuben
Tel. 0 80 36 / 12 66

ANFAHRT
Auf der Autobahn A 8 Richtung Salzburg,
Ausfahrt Frasdorf, von dort ca. 5 km bis Söllhuben.

ÖFFNUNGSZEITEN
Täglich von 9.30 bis 24 Uhr,
warme Küche von 11.30 bis 14 Uhr und 17 bis 21.30 Uhr,
mittags keine Brotzeiten. Dienstag Ruhetag.

SPEZIALITÄTEN
Spanferkel, Rindsrouladen, Schinken, Geräuchertes
und Würste aus der hauseigenen Metzgerei.
Spezialabfüllung »Hirzinger Weißbier« in der Bügelflasche von Unertl (Haag).
Preislage: günstig bis mittel.

TIPP
Der Metzgereiladen ist von 7 bis 12 Uhr und 14 bis 18 Uhr geöffnet
(Samstag nur bis Mittag); Zugang über das Wirtshaus.

KÜCHE ★★   AMBIENTE ★★★

SÖLLHUBEN

Nur leise Gespräche der Gäste sind im Biergarten zu hören. Nichts kann die nachmittägliche Ruhe unter den Kastanienbäumen stören. Plötzlich ist aus dem oberen Stockwerk des stattlichen Wirtshauses ein lauter Streit zu hören: »Du Schuft«, kreischt eine Frau. »Hau bloß ab«, brüllt eine Männerstimme zurück. Da gehen sich gleich zwei wütende Menschen an den Kragen, möchte man meinen. Die Köche des Gasthofs zur Post, die sich nach dem Mittagsgeschäft im kühlen Schatten eine Pause gönnen, lässt der Radau völlig ungerührt. Zu Recht, wie sich kurz später herausstellt; das bekannte

Kein Kitsch: die urige Stube

Chiemgauer Volkstheater hat in dem Festsaal seine Probebühne und in der Gaststube seinen Mittagstisch.

Die Küche ist so bayerisch wie die Volksschauspieler: Spanferkel, Rindsrouladen, Tafelspitz und vor allem die Brotzeiten vom Presssack bis zur Knöcherlsülz' aus der hauseigenen Metzgerei. Dort waltet Junior-Chef und Metzgermeister Lorenz Hilger seines Amtes, zusammen mit seinem Vater, der auch Lorenz heißt. Mutter Balbina steht in der Küche.

Erstmals erwähnt wurde das stattliche Chiemgauer Anwesen 1477 als »Wirt von Selhueben«. Seit 21 Generationen ist es im Familienbesitz. Bis zum Jahre 1928 wurde im Haus die Poststation geführt. Der Gasthof zur Post hat alles, was ein traditionelles bayerisches Wirtshaus

GASTHOF ZUR POST (HIRZINGER)

braucht: die Bilderbuch-Lage mitten im Dorf, genau gegenüber der Kirche, eine gemütliche Gaststube mit rohen Tischen, Holzboden und Kachelofen, weitere Säle und Stuben für Feiern und Hochzeiten, einen Biergarten mit alten Kastanienbäumen, dazu eine überdachte Kegelbahn, die um die Jahrhundertwende gebaut wurde. Am Wochenende ist es hier immer gut besucht, vor allem bei schönem Wetter ist mitunter kein Platz zu bekommen.

Doch die Zeit bleibt nicht stehen und Lorenz Hilger ist keiner, der sich auf Lorbeeren ausruht, sondern er investiert in die Zukunft: In

Fesch umrahmt: Wirt Lorenz Hilger

einer neu eingerichteten Stube kann man die Weine probieren, die im großen alten Keller lagern. Getränkepflege steht überhaupt hoch im Kurs. Das Weißbier ist eine Spezialabfüllung »Hirzinger Weißbier« von der renommierten Weißbierbrauerei Unertl in Haag/Oberbayern. Die Bügelflasche ist nostalgisch und modern zugleich: nachhaltig wirtschaften, nennt man das im neuen Sprachgebrauch.

Doch die Krönung des Ganzen ist die hauseigene Metzgerei, in der man auch für zu Hause Fleisch von Bauernhöfen der Umgebung und handwerklich produzierte Würste und Räucherwaren kaufen kann. Ein Wirtshaus, wie sie selten geworden sind in Bayern.

SENF

Eine Wurst ohne Senf? Undenkbar! Senf gibt nicht nur die notwendige Würze, sondern er regt auch die Verdauung an und desinfiziert. Diese Wirkungen waren schon im Altertum bekannt und aus dem Jahr 50 n. Chr. stammt das älteste überlieferte Rezept für eine Gewürzmischung mit Senf: Der Römer Paladius vermischte gemahlene Senfsaat mit Honig, Olivenöl und Essig.

Die Römer brachten den Senf mit ihren Legionen in die Regionen nördlich der Alpen. Zentrum der Produktion wurde Dijon, das bis heute eine Senf-Metropole geblieben ist. Die Franzosen mischten Senf mit Traubenmost, und aus dem lateinischen »mustum ardens« (»brennender Most«) entwickelte sich das französische Wort »moutarde«, der englische »mustard« und der preußische »Mostrich«. Im Jahr 1563 schrieb der Arzt P. A. Matthiolus: »Senff in der Speis genossen, ist gutt dem Magen/zerteylt die groben speyss und verzehret die überflüssige Feuchtigkeit darinnen …«

Heute befinden sich die Hauptanbaugebiete für Senf in Westkanada und Osteuropa. Die rapsähnlichen, krautig wachsenden einjährigen Senfpflanzen werden bis zu einem Meter hoch. Die Pflanzen blühen gelb und werden im Spätsommer geerntet. Dabei werden die in Schoten gewachsenen Samen, die Senfkörner, durch Dreschen von den Resten der Pflanze getrennt.

Bei der Senfherstellung haben sich zwei Grundtypen herauskristallisiert: der scharfe Senf, der vor allem in Norddeutschland gerne gegessen wird, und der süße, der in Bayern bevorzugt wird. Doch wie mit der Religion, nimmt man es mit dem »evangelischen« und dem »katholischen« Senf nicht mehr so genau – außer bei den Weißwürsten natürlich, wo alles andere als süßer Senf als Blasphemie gilt.

Die heutige Rezeptur für süßen Senf geht auf Johann Conrad Develey zurück. In seiner Senffabrik in der Kaufingerstraße in München, der heutigen Fußgängerzone, kochte er ab 1845 eine Mischung aus milden Senfsaaten, Essig, Zucker und Gewürzen. Karamellisiert wurde sie mit Hilfe eines glühenden Schürhakens. Der königliche Hof fand Gefallen an dem Senf, der zu den häufigen nächtlichen Wurst-Brotzeiten nach rauschenden Festen gereicht wurde. 1874 wurde Develey zum Hoflieferanten ernannt. Im Prinzip wird süßer Senf heute noch ganz ähnlich hergestellt, wie es Develey dereinst vorgemacht hat.

Es gibt vereinzelt noch Wirte, die ihren Senf nach überliefertem Hausrezept selbst herstellen: Ein Beispiel dafür ist der Franziskaner in der Münchner Innenstadt.

SCHLOSSWIRTSCHAFT WILDENWART

FRASDORF/WILDENWART

Ludwigstraße 8
83112 Frasdorf/Wildenwart
Tel. 0 80 51/27 56

ANFAHRT
Auf der Autobahn A 8 Richtung Salzburg, Ausfahrt Frasdorf,
von dort Richtung Prien. Bahnfahrer steigen in Prien in die Chiemgaubahn
Richtung Aschau, Haltestelle Vachendorf, von dort ca. 15 Minuten zu Fuß.

ÖFFNUNGSZEITEN
Täglich 10 bis 24 Uhr, warme Küche von 11.30 bis 14 Uhr und 17.30 bis 21 Uhr.
Montag und Dienstag Ruhetag, von September bis Juni nachmittags geschlossen.
Im September drei Wochen Betriebsurlaub.

SPEZIALITÄTEN
Chiemseefische in verschiedenen Varianten,
Kaninchen, Apfelschmarrn (im Herbst und Winter).
Preislage: günstig bis mittel.

TIPP
Beim Anderlbauer in Frasdorf gibt's verschiedene Käse von Schaf und
Ziege zu kaufen. Der Hofladen ist beschildert. Sonntags geschlossen.

KÜCHE ★★★   AMBIENTE ★★

FRASDORF/WILDENWART

Hier kehren sie alle gerne ein, der Herr Generaldirektor aus München, der Bauer aus dem Ort und auch Herzog Max in Bayern. Dem gehört das gegenüberliegende Schloss, die Wirtschaft dazu, ihm »treu ergeben« die Wirtsleute Maria und Franz Riesinger. Die betreiben die Schloßwirtschaft seit inzwischen 25 Jahren.

Maria kam schon als Zwölfjährige hierher in den Chiemgau, ihr Vater verwaltete das Schloss für Prinzessin Helmtrud, eine Tochter Ludwig III., des letzten bayerischen Königs.

Jetzt waltet Maria als Seele des Wirtshauses in der dunkel getäfelten, gepflegten Stube und im Garten mit dem schönen Blick auf das Schloss. Die Riesingers haben dafür gesorgt, dass die Schloßwirtschaft immer ein echtes Wirtshaus geblieben ist, sie haben beim Renovieren nie etwas verschandelt, und sie achten darauf, dass jeder auf seine Kosten kommt: Groß und Klein, Bürger und Edelmann, Liebhaber deftiger Kost und Freunde feinerer Genüsse.

So gibt's Schweinshaxn, am Sonntag Schweinsbraten, und wer's mit dem Fleisch nicht so hat, sollte auf jeden Fall mal hier hereinschauen: Riesingers Spezialität sind Fische aus dem Chiemsee, die er auf die verschiedensten Arten zubereitet. Saiblinge werden als Filet gebraten oder im Sud blau gegart. Und Franz Riesinger, Koch aus Leidenschaft, weiß die Kniffe, wie man Brachsen zum großen Essvergnügen macht. Die Weißfische sind sonst eher unbeliebt, weil die Gräten einem schnell den Spaß am Essen verderben können.

Antike Bierkrüge schmücken die Stube

Fische sind noch lange nicht alle Spezialitäten, die die Riesingers zu bieten haben: Das Wild bringen die Jäger aus der Umgebung, aus Frasdorf kommt der Schafskäse, den es garniert als Brotzeit gibt. Und im Herbst ist wieder Zeit für ein ganz besonderes Schmankerl: den Apfelschmarrn. Die Äpfel kommen aus dem Garten von Riesingers Nachbarin – garantiert ungedüngt und ungespritzt. Und bis zum Winter verschwinden dann fünf Zentner Äpfel in den Mägen unzähliger glücklicher Gäste.

GASTHOF ZUR POST

PRUTTING

Salzburger Straße 1
83134 Prutting
Tel. 0 80 36 / 6 76

ANFAHRT
Auf der Autobahn A 8 München–Salzburg, Ausfahrt Rosenheim,
auf der B 15 ca. 3 km Richtung Rosenheim,
dann nach rechts Richtung Bad Endorf/Traunstein, 7 km bis Prutting.

ÖFFNUNGSZEITEN
Täglich von 10 bis 14 Uhr und 17.30 bis 22.30 Uhr,
warme Küche von 11.30 bis 14 Uhr und 18 bis 21 Uhr.
Sonntagabend und Montag geschlossen.

SPEZIALITÄTEN
Fleisch und Wurstwaren aus eigener Schlachtung und Metzgerei,
Innereien vom Kalb, saures Lammfleisch, saure Kalbshaxen, hausgemachte Süßspeisen.
Angeschlossenes Metzgerei-Geschäft, Hotelzimmer.
Preislage: günstig.

TIPP
Die Gegend um Prutting ist voller kleiner Moorseen, die zum Baden einladen.
Der netteste und ruhigste, aber auch versteckteste, ist der Siferlinger See.
Fragen Sie in der Post nach dem Weg.

KÜCHE ★★★   AMBIENTE ★★

PRUTTING

So ausgefallene Schmankerl, wie sie im Gasthof zur Post in Prutting serviert werden, können nur entstehen, wenn im Haus geschlachtet und das Fleisch sofort weiterverarbeitet wird. Das gilt für den Kalbskopf wie für die Kälberfüße, aber in ganz besonderem Maß für eine Kreation des Senior-Chefs Franz Maier: den »Umdrahten Bauernschwoaf«. Wie die Bezeichnung vom umgedrehten Bauernschweif zustande kam, weiß man in Prutting nicht mehr so genau, dafür nimmt man's mit der Herstellung umso genauer: In eine Kälbermilz wird eine Tasche geschnitten und diese dann gefüllt mit Bries, Herz und Leber des Kalbs, ein wenig Kalbsbrät zur Bindung und gewürfeltem Gemüse. Das Ganze wird sorgfältig in ein Kalbsnetz gewickelt, sanft gebrüht und anschließend in Scheiben geschnitten und bei milder Hitze in Butter gebraten. Ein Geschmackserlebnis, für das die Experten von München und von noch weiter her anreisen.

Serviert wird das einzigartige Schmankerl mit Kartoffel-Gurkensalat, der selbstverständlich nach traditioneller Art im Haus angemacht wird: Die noch warmen geschnittenen Kartoffeln werden mit einer kräftigen Bouillon übergossen und dann mit Schnittlauch, Essig, Senf und Öl abgeschmeckt. Im Frühjahr wird er auch einmal mit Bärlauch verfeinert.

Nicht ganz so experimentierfreudige Esser finden in der Post auch perfekt zubereitete Klassiker wie ein Wiener Schnitzel vom Milchkalb, das sanft in Butter gebraten wird, oder einen Schweinsbraten in Dunkelbiersoße. Zart und saftig ist die gesottene Ochsenschulter, zu der frisch geriebener Meerrettich, Bayrisch Kraut und Salzkartoffeln gereicht werden. Die Renke aus dem nahen Chiemsee wird in einer Zitronenbutter gebraten, was ihr einen besonders frischen Geschmack verleiht.

Georg Maier und seine Schwester Gabriele, die Inhaber der Post, halten die Speisekarte bewusst klein. Gut zehn Hauptspeisen, dazu Suppen und eine kleine Auswahl an fleischlosen Gerichten und Salaten gewährleisten Frische und Qualität.

Georg Maier, Metzgermeister und Koch, achtet streng auf die regionale Herkunft seiner Produkte. Das Schlachtvieh kommt von Bauern aus dem Umland, das Gemüse – soweit möglich – aus dem eigenen Garten. Aus dem kommen sogar die Blumen auf den Tischen in den gemütlichen und gepflegten Stuben.

Gelegentlich erlaubt sich Sardinien-Fan Maier einen kleinen kulinarischen Ausflug auf die Mittelmeer-Insel, dann gibt es zartrosa gebratenes Lammfilet mit Rucola-Pesto und frisch gehobeltem Parmesan. Da könnte so mancher italienische Koch neidisch werden.

BERGGASTHOF DUFTBRÄU

SAMERBERG

Duft 1
83122 Samerberg
Tel. 0 80 32 / 82 26

ANFAHRT
Auf der A 8 Richtung Salzburg, Ausfahrt Achenmühle, über
Achenmühle und Grainbach zum Duftbräu (beschildert).
Vom Bahnhof Rosenheim fährt auch ein Bus zum Samerberg.
Von dort ca. 5 km zu Fuß.

ÖFFNUNGSZEITEN
Warme Küche von 10.30 bis 21.30 Uhr,
von November bis März Donnerstag Ruhetag, außer an Weihnachten.

SPEZIALITÄTEN
Brotzeiten wie Sülzen aus der hauseigenen Metzgerei,
Wild aus den umliegenden Jagdrevieren, lebendfrische Forellen aus dem Bassin.
Preislage: günstig bis mittel.

TIPP
Wer in dieser traumhaften Landschaft nicht ohnehin eine Wanderung
eingeplant hat, sollte wenigstens den kleinen Spaziergang zur Hauskapelle und
zum Wasserfall unternehmen. Es lohnt sich sehr!

KÜCHE ★★ AMBIENTE ★★★

SAMERBERG

Nach all den Jahren als Wirtin kann sich Maria Wallner immer noch für den Blick von ihrer Terrasse begeistern. Ihre leuchtenden Augen schweifen über die malerischen Hügel des Samerbergs. »Neulich hatten wir wieder einen Sonnenuntergang, schöner als es jeder Maler könnte«, schwärmt die gebürtige Tirolerin, die zwei Täler weiter südlich, am Walchsee aufwuchs.

Nach dem viel zu frühen Tod ihres Mannes Matthaeus, den sie auf einer nahegelegenen Alm kennengelernt hatte, auf der sie im Sommer arbeitete, führt sie das große Haus gemeinsam mit ihren vier Kindern. Ihr ältester Sohn Matthaeus metzgert, unterstützt von Markus, Klaus leitet die Küche, und Tochter Martina hilft in der Küche und im Haus, wo immer jemand gebraucht wird.

Und Arbeit gibt es in so einem großen Haus gerade genug: Zwischendrin wollen auch noch die beiden Haflinger versorgt werden, die auf der Wiese neben dem Haus herumspringen, und die 16 Gästezimmer sind nicht nur in der Saison gut belegt.

Nur gebraut wird in der ehemals höchstgelegenen Braustätte Bayerns nicht mehr. 1908 brannte das Haus bis auf die Grundmauern nieder, der Großvater von Matthaeus Wallner ewarb den Grund und baute das Haupthaus des heutigen Gasthofs. 1933 wurde die kleine Duftkapelle hinter dem Haus erbaut, in der schon viele Taufen und Trauungen stattfanden. Der Name Duftbräu kommt weder von den duftenden Wiesen des nahen Heubergs noch vom Geruch des Biersuds, sondern vom Tuffstein, der früher in dem Bachtal unweit des Hauses abgebaut wurde. Das Wasser des Bachs, der bei Schneeschmelze oder Unwetter unbändige Kraft entwickeln kann, speist auch das Becken, in dem sich die Forellen tummeln, die für jeden Gast frisch herausgefangen werden.

Im Sommer sitzt es sich natürlich am schönsten auf der Terrasse, und wenn es kühl wird, gibt's halt ein Schnapserl von den anerkannt guten Brennern vom Samerberg.

Duftbräu-Wirtin Maria Wallner

GASTHOF ZUR POST

SAMERBERG-TÖRWANG

Dorfplatz 4
83122 Samerberg-Törwang
Tel. 0 80 32 / 86 13

ANFAHRT
Auf der Autobahn A 8 München–Salzburg, Ausfahrt Achenmühle.
In Achenmühle der Beschilderung Richtung Samerberg/Törwang folgen.
Vom Bahnhof Rosenheim fährt drei Mal täglich ein Bus nach Törwang.

ÖFFNUNGSZEITEN
Von 9 bis 24 Uhr;
warme Küche von 11.30 bis 14 Uhr und 17.30 bis 21.30 Uhr,
sonntags durchgehend.
Dienstag Ruhetag.

SPEZIALITÄTEN
Fleisch aus eigener Galloway-Zucht;
sonntags Spanferkel-Essen, hausgemachte Strudel.

TIPP
Am Samerberg gibt's eine Flugschule für Gleitschirm und Drachen.
Sie bietet für Anfänger Schnupper-Tandemflüge an,
Tel. 0 80 32 / 89 71.

KÜCHE ★★   AMBIENTE ★★

SAMERBERG-TÖRWANG

Ein Dorfplatz wie aus dem Bilderbuch. Alle Häuser sind mit Lüftlmalerei verziert. Üppig hängen die Geranien von den Balkonen. Und das stolzeste Haus ist das Wirtshaus, der Gasthof zur Post. Als Baudenkmal aus dem 17. Jahrhundert zeugt es vom Reichtum seiner Erbauer. Seit bald 300 Jahren ist das Haus in Familienbesitz. Jetzt führt der junge Wolfgang Pallauf die Geschicke.

Herzstück seiner Küche ist Rindfleisch, schließlich betreibt er eine eigene Galloway-Zucht. Bei Rosenheim wachsen die genügsamen Einwanderer aus Schottland auf. Die hornlosen friedlichen Tiere bleiben selbst bei extremer Witterung auf der Weide, auch die Kälber kommen unter freiem Himmel zur Welt. Das wertvolle Fleisch der Galloways wird in der Küche der Post zu einer großen Bandbreite von Gerichten verarbeitet.

Kräftig, aber nicht zu salzig ist die Bouillon für die Grießnockerlsuppe, das Tellerfleisch ist leicht durchwachsen und saftig und wird mit Meerrettichsoße serviert, das Lendensteak vom Grill mit hausgemachter Kräuterbutter.

Auf der täglich neuen Speisekarte stehen gelegentlich so feine Gerichte wie Kalbsleber, auch die kommt von den selbst gezüchteten Tieren. Und ohne Angst vor künstlichen Hormonen und anderer Chemie schmecken gerade Innereien noch mal so gut.

Auch bayerische Klassiker wie ofenfrischer Schweinsbraten stehen auf der Karte; am Sonntag gibt's Spanferkel aus dem Rohr. Und auch das Schweinefleisch stammt aus der Region. Fischfreunde finden beispielsweise ein gebratenes Zanderfilet mit Hummersoße.

Für Schleckermäuler empfehlen sich die hausgemachten Strudel, die es auch nachmittags gibt, wenn die Küche Pause macht. Dann werden auch Brotzeiten wie geräucherter Saibling angeboten.

Das Haus war früher Poststation, hier wurden die Pferde gewechselt und versorgt. Auch heute ist noch allerlei Bezug zu Pferden gegeben, die Familie betreibt nämlich neben der Galloway- auch eine Pferdezucht. Die Koppel liegt gleich hinter dem Haus.

Auch Pferdestärken anderer Art sind in Törwang herzlich willkommen: Der Gasthof zur Post hat 55 Hotelbetten und bietet spezielle Arrangements für Motorradfahrer an, die durch die malerische Landschaft touren wollen.

GASTHOF ZUR POST
OSTERMÜNCHEN/TUNTENHAUSEN

Rotterstraße 2
83104 Ostermünchen/Tuntenhausen
Tel. 0 80 67/9 08 00

ANFAHRT
Auf der Autobahn A 8 München–Salzburg bis Bad Aibling, über Bad Aibling und Tuntenhausen ca. 14 km nach Ostermünchen. Oder über die B 304 nach Grafing, von dort über Aßling ca. 13 km nach Ostermünchen. Von der Bahnstation Ostermünchen sind es knapp 10 Minuten zu Fuß zum Gasthof zur Post.

ÖFFNUNGSZEITEN
Gasthaus: täglich von 10 bis 24 Uhr,
Küche von 11.30 bis 14.30 Uhr und 18 bis 22 Uhr.
Salettl: täglich ab 18 Uhr.
Montag und Dienstag Ruhetag. Reservierung unbedingt empfohlen.

SPEZIALITÄTEN
Im Gasthaus traditionelle Schmankerl-Küche auf hohem Niveau mit günstigen Preisen, im Salettl regionale Küche mit internationalem Anspruch, gehobene Preise.

TIPP
Wer einen genussreichen Abend ohne beschwerliche Heimfahrt beenden möchte: Der Gasthof zur Post bietet fünf preiswerte Fremdenzimmer an.

KÜCHE ★★★★   AMBIENTE ★★

OSTERMÜNCHEN/TUNTENHAUSEN

Was macht ein junger und ehrgeiziger Koch, der bei den Besten seiner Zunft gelernt hat, wenn er den elterlichen Dorfgasthof übernimmt? Ihn zum Gourmet-Restaurant umzufunktionieren, käme – weit auf dem Land – einem Himmelfahrtskommando gleich, alles beim Alten zu lassen wäre für ein aufstrebendes Talent höchst unbefriedigend.

Peppi Kalteis (30) hat nach seiner Lehre zwei Jahre bei Alfons Schuhbeck in Waging am See, danach in München bei Hans Haas im Tantris und bei Karl Ederer im Glockenbach gearbeitet. Als er 1998

Das elegante Salettl

den elterlichen Gasthof zur Post in Ostermünchen übernahm, hat er die Konzept-Frage auf seine Art beantwortet und bei der Renovierung buchstäblich angebaut.

Im »Salettl«, wie er den elegant eingerichteten Restaurant-Anbau mit nur acht Tischen und großen Fenstern nennt, serviert er seine gehobene bayerische Küche mit deutlich spürbaren mediterranen Anklängen. Da findet man auf der Karte eine Kalbsleber in Bier-Essig-Jus mit Gemüse, Steaks aus der Rehkeule in Rahmsoße oder Wildschweinrücken auf gebratenem Wirsing mit frischen Spätzle.

Der Lachs wird über Buchenholz aus dem familieneigenen Wald im hauseigenen Ofen geräuchert, nachdem er mit einer Mischung aus heimischen Kräutern wie Dill, Kerbel und Petersilie bedeckt wurde.

Der Zander wird auf der Haut gebraten und auf Madeira-Schaum angerichtet. Alles nach den Regeln der großen Küche zubereitet: à la minute und mit Fonds und Soßen, die intensiv schmecken und dabei aber nie dicklich sind. Und eine respektable Weinkarte mit moderat kalkulierten Tropfen aus den wichtigen Anbaugebieten der Welt lässt völlig vergessen, dass wir uns im Nebenraum eines bayerischen Traditionswirtshauses befinden.

Das Wirtshaus selbst kann sich auch sehen lassen, nicht nur weil der Maler Wilhelm Leibl oft hier saß und versuchte, mit Bildern seine

Die rustikale Stube

Rechnung für das Verzehrte zu bezahlen – was der ahnungslose Postwirt stets empört ablehnte. Was den Kunstbanausen später aber mordsmäßig wurmte, als Leibl ein berühmter Mann geworden war und seine Bilder in München, und nicht nur da, hohe Preise erzielten.

Die Speisekarte im ursprünglichen Gasthaus bietet alles, was man von einem g'standenen Wirtshaus erwartet. Allerdings hat Peppi (Josef) Kalteis sein Ansprüche an Rohstoffe und Qualität auch auf die einfacheren Gerichte übertragen, die in der geschmackvoll renovierten Gaststube angeboten werden: Das Fleisch für den klassischen Schweinsbraten kommt aus der Region, die Wildsau aus der heimischen Jagd. Im Salettl wird vom Wildschwein der Rücken serviert, in der Gaststube kommen die anderen Teile als »Zweierlei vom Wildschwein« auf den Teller: Die Brust wird gefüllt im Ofen gebraten und die Keule sanft geschmort. Zum gebackenen Kalbskopf gibt es einen hausgemachten Kartoffelsalat, der gebratene Zander wird schlicht auf frischem Saison-Gemüse und mit Petersilienkartoffeln serviert.

Im Sommer sitzt man gemütlich im ruhigen Biergarten und auch die preiswerten Fremdenzimmer, die sich im Nebenhaus befinden, hat Kalteis behalten; er hat bei aller Liebe zur großen Küche die Füße auf dem Boden behalten und die Kirche im Dorf gelassen. Deshalb konnte sich auch das Konzept mit dem Salettl etablieren. Und es wundert sich in der lebhaften Gaststube, in der sich nach wie vor das Dorf trifft, niemand mehr, wenn etwas eleganter gekleidete Gäste vorne hereinkommen und hinten gleich wieder verschwinden.

Fährt bayerisch-zweigleisig: Josef »Peppi« Kalteis

GASTHAUS WALLER

REISACH BEI NIEDERAUDORF

Urfahrnstraße 10
83080 Reisach bei Niederaudorf
Tel. 0 80 33 / 14 73

ANFAHRT

Auf der A 93 München–Kufstein, Ausfahrt Oberaudorf, in Oberaudorf rechts abbiegen nach Niederaudorf, dort wiederum rechts der Wegweisung folgen. Vom Bahnhof Oberaudorf sind es rund 20 Minuten zu Fuß.

ÖFFNUNGSZEITEN

Warme Küche von 11.30 bis 14 Uhr und 17 bis 20 Uhr, im Sommer bis 20.30 Uhr, nachmittags Brotzeiten, am Wochenende durchgehend warme Küche. Montag Ruhetag.

SPEZIALITÄTEN

Mehlspeisen; Weißbier aus der Bügelflasche von der Oberaudorfer Ein-Mann-Brauerei Bals, hausgemachter Apfelsaft, hausgebrannte Schnäpse. Preislage: günstig.

TIPP

Niederaudorf ist ein guter Ausgangspunkt für Wanderungen gemütlicher oder anspruchsvollerer Art.

KÜCHE ★★   AMBIENTE ★★★

REISACH BEI NIEDERAUDORF

Im Inntal ist das Gasthaus Waller eine Institution. Hier sitzen die Einheimischen neben Ausflüglern, und bei bodenständigem Essen und gutem Bier kommt man ganz schnell ins Gespräch. Besonders am Wochenende kann es hier recht laut und lebhaft werden, wenn ganze Gruppen von Skifahrern und Familien die Stuben in dem stattlichen Wirtshaus bevölkern.

Gebaut wurde es 1750 als Gastwirtschaft zur Versorgung des benachbarten Klosters Reisach. Seit 100 Jahren ist es im Besitz der Familie Waller. An der Einrichtung hat sich im ganzen Haus nicht viel

Zwischen Obstwiesen und Weiden gelegen: der Gasthof Waller. Aus den eigenen Äpfeln wird Saft gepresst und Schnaps gebrannt

verändert. Im Flur knarren die Holzdielen. Die Stube datiert aus dem Jahr 1927, der Holzboden und der Kachelofen geben dem Raum eine unschlagbar gemütliche und familiäre Atmosphäre.

Eine Klappe in Schulterhöhe führt durch die Vertäfelung in die Küche: Früher war auch ein Schießstand in der Stube, die Scheiben hingen in der Küche – bis die Sportschützen ihre eigene Stube mit Schießstand erhielten. Vor dem Haus, das zwischen Obstwiesen und Viehweiden steht, sitzt man schattig unter Kastanien. Kinder finden hinterm Haus einen tollen Spielplatz.

Die Speisekarte ist wie die ganze Atmosphäre auch sehr familienfreundlich. Vor allem die Kinder haben ihre Freude an den üppigen

Nachspeisen: Dampfnudeln, Rohrnudeln, Scheiterhaufen, Topfenstrudel, Zwetschgenknödel, eine so große Auswahl an hausgemachten Mehlspeisen gibt es woanders kaum.

Wenn die Erwachsenen gern mal etwas Fleischloses mögen, was ja in letzter Zeit öfter der Fall ist, sind sie hier auch gut aufgehoben. Die Auswahl an vegetarischen Speisen reicht von Maultaschen mit braunen Zwiebeln und Salat über Gemüsepflanzerl bis zum Wirsing-Strudel, der selbstverständlich auch hausgemacht ist. Und besonders der Spinat kommt hier groß heraus: er wird in Spinatspätzle und Spinat-

Urgemütlich: die große Gaststube. Die Klappe rechts von der Küchentür verbirgt das Loch, durch das die Schützen früher auf ihre Scheiben schossen

knödeln so gekonnt zubereitet, dass schlimme Kindheitserinnerungen an das grüne und sooo gesunde Gemüse endlich über Bord geworfen werden können.

Aber auch die Fleischgerichte können sich sehen lassen: Rind- und Kalbfleisch stammen aus hauseigener Zucht und werden zu Kalbsrahmgulasch, Sauerbraten oder Lendensteak verarbeitet. Den Presssack und die Würste macht der Junior-Chef, ein gelernter Metzger, selbst. In der Saison gibt es Wildgerichte von Tieren aus den umliegenden Jagden. Vom zarten Rehschlegel bis zum kräftigen Hirschgulasch reicht die Bandbreite. Dazu passen die hausgemachten Spätzle ganz hervorragend.

Und auch bei den Getränken zählen die Region und das Handwerk. Der Apfelsaft ist hausgemacht, was man sofort schmecken kann, und aus dem Obst, das um das Haus herum wächst, wird auch Schnaps gebrannt. Nachhaltig wirtschaften, heißt das in modernen Zeiten. Altmodisch ausgedrückt: Man lässt nix verkommen.

Als besondere Spezialität gibt es hier das Oberaudorfer Weißbier, das Adalbert Bals quasi als Ein-Mann-Betrieb braut, abfüllt und ans Gasthaus liefert. Eine dunkle süffige Spezialität, die in Bügelflaschen abgefüllt ist, der man ihre handwerkliche Herkunft anmerkt: das Bier schmeckt nicht immer gleich – aber immer gut.

Wenn Bals seine Lieferung Träger für Träger mühsam selbst in den Keller des Wirtshauses geschleppt hat, setzt er sich an den Stammtisch und bestellt sich – ein Helles von der Konkurrenz: »Wenn ich jetzt hier noch mein eigenes Bier trinken würde, müsste ich ja noch mehr arbeiten, und überhaupt, Abwechslung tut gut«, grinst er. Und das Gasthaus Waller ist nicht nur für ihn eine schöne Abwechslung.

MUMEI'S SCHOPPENSTUBE
FISCHBACHAU

Kogel 4
83730 Fischbachau
Tel. 0 80 66 / 12 44

ANFAHRT
Auf der Autobahn A 8 Richtung Salzburg, Ausfahrt Bad Aibling,
von dort nach Bad Feilnbach, dort weiter Richtung Hundham/Fischbachau.
Nach ca. 4 km rechts zum Rösler-Haus.

ÖFFNUNGSZEITEN
Nur nach telefonischer Reservierung Dienstag bis Samstag ab 18 Uhr.

SPEZIALITÄTEN
Tafelspitz, Schweinefilet in Dillrahm, Geschnetzeltes mit Curry-Rahm, mariniertes
Rahmfilet vom Schwein mit Wacholdersauce, Bœuf à la mode, Szegediner Gulasch.
Wer als erster reserviert, darf das Hauptgericht auswählen,
das dann alle Gäste an dem Abend bekommen.
Zum Dessert gibt's wahlweise verschiedene Eissorten,
hausgemachte Rote Grütze oder Käse.
Preislage: mittel bis gehoben.

TIPP
Notieren Sie bei der Reservierung die Wegbeschreibung,
das Haus ist nicht leicht zu finden.

KÜCHE ★★   AMBIENTE ★★★★

So könnte ein festliches Abendessen im bayerischen Himmel aussehen: Bei Kerzenschein sitzen sie alle friedlich beisammen, der Opernstar aus München und der Handwerker aus Miesbach, der Werbeprofi und der einheimische Bauer, der etwas zu feiern hat. Der Tisch ist schön eingedeckt und in silbernen Schüsseln dampfen die leckeren Knödel und das Bœuf à la mode. Im offenen Kamin brennt leise ein Feuer.

In Mumei's Schoppenstube ist man dem weiß-blauen Himmel schon recht nah. Hoch über dem Inntal, mit einem traumhaften Blick

Kaum als Wirtshaus zu erkennen: Mumei's Schoppenstube

in den Chiemgau, liegt das alte Hexenhäusl, in dem Mumei Wedell-Rösler seit über 23 Jahren Abend für Abend ihre Gäste bewirtet.

Jeden Tag geht Mumei zum Einkaufen, um ihren maximal 30 Gästen stets frische und gepflegte Hausmannskost servieren zu können. Nach einem schweren Start erkochte sie sich buchstäblich ihre treuen Gäste, die oft schon Monate im Voraus ihren Platz reservieren. Ihr Mann hatte sich von ihr getrennt, die drei Kinder waren in Ausbildung, die Renovierung des Häuschens hatte eine Menge Geld verschlungen.

Als Wirtin ist Mumei – der Kosename stammt aus einem Roman von Hans Fallada – eine Quereinsteigerin. Das Kochen hatte Mumei von ihrer Großmutter gelernt, doch ihr Lebensweg führte sie zunächst nach Hamburg, wo sie bei der Illustrierten Stern als Redaktionsassistentin arbeitete, später nach München.

Das Hexenhäuschen erbte sie von ihrem Vater, dem Schriftsteller Jo Hanns Rösler, einem gebürtigen Sachsen, der sich auch später immer als »Zugroaster« bezeichnete. Der hatte sich hier oberhalb des Inntals 1935 einen großen Bauernhof gekauft, der Mumeis Elternhaus wurde. Das Hexenhäusl nahm Rösler 1937 noch dazu, um den Besitz zu arrondieren. 1972 fingen Mumei und ihr Mann an, das Haus einzurichten. Damals gab es hier noch kein Wasser und keinen Strom.

Gediegen und gepflegt: die Einrichtung im »Hexenhäuschen«

Heute steht das Haus unter Denkmalschutz, und im ehemaligen Heustadel sitzen die Gäste nunmehr an langen Tischen. Dass dieses Gebäude überhaupt als Gaststätte bewirtschaftet werden darf, ist dem Denkmalschutz zu verdanken. Da es dem Erhalt des Hauses dient, wurde eine beschränkte Gaststättenkonzession erteilt.

Mittlerweile hat Mumeis Sohn, der einen Antiquitätenhandel betreibt, auf dem Nachbargrundstück ein verfallenes Bauernhaus originalgetreu wieder aufgebaut.

Zur Mumei kann man nur auf Vorbestellung kommen und kein Wegweiser führt zu dem Häuschen, kein Sonnenschirm mit Bier- oder Cola-Reklame ist zu sehen, nichts deutet von außen darauf hin, dass dies ein Ort gepflegter Gastlichkeit ist.

Mumei achtet genau darauf, dass die Gäste zusammenpassen und sich gut unterhalten. Wer als erster anruft, darf bestimmen, ob es an diesem Abend »den besten Tafelspitz zwischen München und Salzburg« gibt, wie Mumei-Fans meinen, oder ein anderes der sechs Gerichte, die zur Auswahl stehen. Immer gibt es vorweg eine Suppe und dann Geschnetzeltes mit Curry-Rahm, Szegediner Gulasch, Schweinefilet in Dillrahm oder mit Wacholdersoße. Hungrig geht hier niemand nach Hause, das Essen wird in und auf silbernen Erbstücken serviert, jeder kann sich so viel nehmen, bis er wirklich satt ist.

Dazu gibt es eine gepflegte Auswahl an Flaschenweinen, oder Bier vom Fass. Beim Dessert darf dann frei gewählt werden. Zur Wahl stehen verschiedenen Eissorten oder Käse. Für die meisten Gäste ist es keine Frage: Die hausgemachte Rote Grütze muss es sein. Und viele zufriedene Esser fühlen sich danach so himmlisch, dass sie beim Weggehen schon für einen nächsten Abend reservieren.

ALPENGASTHAUS WÖLFLHOF

AURACH/FISCHBACHAU

Alpenstraße 3
83730 Aurach/Fischbachau
Tel. 0 80 28 / 92 85

ANFAHRT
Auf der Autobahn A 8 Ausfahrt Miesbach, von Miesbach
auf B 307 über Schliersee/Neuhaus nach Aurach.
Vom Bahnhof Aurach (Oberlandbahn) sind es zu Fuß gute fünf Minuten.

ÖFFNUNGSZEITEN
Täglich von 11.30 bis 24 Uhr, Küche bis 23 Uhr.

SPEZIALITÄTEN
Frisch geräucherter Fisch aus dem hauseigenen Räucherofen,
Wild aus den umliegenden Jagdrevieren, hausgemachte Sülzen.
Im Streichelzoo gibt's für die Kinder Ziegen, Schafe und Kaninchen.
Preislage: günstig.

TIPP
Der Wölflhof ist der richtige Ort, um sich nach Radtouren oder Wanderungen
im nahen Spitzinggebiet oder in der Wendelsteinregion wieder zu stärken.
Im Winter führt eine Loipe direkt am Haus vorbei.

KÜCHE ★★

AMBIENTE ★★★

AURACH/FISCHBACHAU

Beim Wölflhof muss man schon zweimal hinschauen, um zu merken, dass man nicht träumt. Nein, das Prachthaus ist echt. Bis ins letzte Detail steht der Bauernhof, der ins 14. Jahrhundert zurückdatiert, unter Denkmalschutz. Sein heutiges Aussehen bekam der stattliche Bau im 17. Jahrhundert. Dieser Zeit werden die Fassade, die Balkone und auch die kunstvoll geschnitzten Wasserspeier der hölzernen Dachrinnen zugerechnet.

Die Inneneinrichtung ist ebenfalls mehrere hundert Jahre alt. Die drei Stuben sind mit alten Bauernmöbeln eingerichtet. Auch der

Die historischen Stuben sind eine Pracht

Holzboden ist uralt, was für eine gemütlich-gediegene Atmosphäre sorgt. Bei kaltem Wetter bullert der Kachelofen. Im niedrigen Hausgang steht ein offener Kamin, an dem in früherer Zeit Fische geräuchert wurden. Kaum zu glauben, dass das Anwesen jahrelang leer stand, bis Stephan Schütz das ehemalige Wirtshaus übernahm und wieder mit Leben erfüllte.

Auch an die Kinder ist gedacht, schließlich sind die Wirtsleute selber glückliche Eltern. Im Streichelzoo können die Kleinen Bekanntschaft machen mit Ziegen, Schafen und Kaninchen. Überhaupt: Viel Auslauf und Raum für Spiele sind für die Gäste von Morgen rund ums Haus geboten, ein Spielplatz mit Schaukeln und anderen Spielgeräten ist selbstverständlich. Die Großen kommen derweil bei der

Unterhaltung auch nicht zu kurz: Regelmäßig spielen hier Volksmusikgruppen, für größere Gesellschaften bietet der Wölflhof Ritterfeste mit den passenden urtümlichen Tafelfreuden wie gegrillten Haxn an.

Dass ausgerechnet ein gebürtiger Sylter in einem der bedeutendsten ländlichen Baudenkmäler Bayerns wieder eine bayerische Küche etabliert hat, ist schon fast Ironie des Schicksals. Aber Vorbehalte sind völlig fehl am Platz. Stephan Schütz' Küche setzt konsequent auf klassisch-bayerische Schmankerl, die er mit fundiertem Können und jahrzehntelanger Erfahrung zubereitet. Diese sammelte der Hotelmeister

Am Sonntag spielt immer wieder zünftige Volksmusik

zwischen der Südsee und München, seit fünf Jahren sitzt er vor Ort im Prüfungsausschuss der Industrie- und Handelskammer.

Die Speisekarte ist klein, und doch abwechslungsreich: Sie reicht von hausgemachten Sülzen über frische Salate bis zu resch gegrillten Haxen (mit zweierlei Knödeln und Kraut). Ebenfalls vom Grill kommt der Krustenrollbraten vom Wammerl. Sein Fleisch bezieht Schütz von einem Miesbacher Metzger, der wiederum von den Bauern aus der Region beliefert wird. Regelmäßig bietet Schütz auch hausgeräucherte Fische an.

Andere Gerichte, die er nicht ständig anbieten kann – wie Wildspezialitäten, schreibt Schütz auf eine Schiefertafel. Auf der steht dann, was die Jäger schussfrisch vorbeibringen. Das ist meistens Reh, aber es kann schon mal ein Hirsch oder sogar eine Gams dabei sein.

WEISSACH-ALM

KREUTH-SCHARLING

83708 Kreuth-Scharling
Tel. 0 80 29 / 3 35

ANFAHRT
Über Holzkirchen an den Tegernsee, von Rottach-Egern auf der B 307
ca. 6,5 km Richtung Kreuth, dann links abbiegen (Achtung, nicht beschildert!);
Parkmöglichkeit bei der Wertstoffsammelstelle, von dort knapp fünfzehn Minuten zu Fuß.
Wanderer und Radler kommen auf romantischen Wegen
entlang der Weißach von Rottach-Egern.

ÖFFNUNGSZEITEN
Täglich von 11 bis 23 Uhr.
Montag und Dienstag Ruhetag.

SPEZIALITÄTEN
Ente vom Grill (nur auf Vorbestellung und nicht am Nachmittag!),
hausgemachte Kuchen.
Preislage: mittel.

TIPP
Von Rottach-Egern aus fährt auch eine Pferdekutsche.

KÜCHE
★★★

AMBIENTE
★★★

KREUTH-SCHARLING

Ganz versteckt liegt die kleine Weißach-Alm im Auwald südlich des Tegernsees. Kein Schild weist an der Bundesstraße den Weg zu dem kleinen Haus, das Auto muss man zehn Fußminuten entfernt abstellen, wenn man nicht ohnehin eine Wanderung von Rottach-Egern hierher hinter sich hat.

»Eigentlich ist es ein Wunder, dass hier im Naturschutzgebiet überhaupt so ein Haus stehen darf«, erzählt Waltraud Högg. Seit 29 Jahren ist sie die Wirtin in dem kleinen Almhaus. Als Entschädigung dafür, dass sein Hof durch die Bundesstraße von den Viehweideflächen in der Weißach-Au abgeschnitten wurde, bekam ihr Mann Hans vor 30 Jahren das Recht, ein kleines Alm-Café am Fluss zu bauen. Ein Felsbuckel wurde weggesprengt und das kleine Haus entstand innerhalb eines Jahres.

Die Stube ist mit ihren acht Tischen nicht gerade groß, und die Küche erwies sich nach kurzer Zeit als viel zu klein. Vor allem der Ofen mit nur vier Flammen machte Waltraud Högg, die schon mit 14 Jahren im elterlichen Hotel in den Ferien am Herd stand, Kopfzerbrechen. So versuchte sie mit einem Grill etwas Entlastung zu schaffen.

Legendär: Die Enten der Weißach-Alm

Und was als Notlösung begann, wurde ihr Renner: Ente vom Grill, dazu Blaukraut und Knödel. Erst waren es nur einzelne, heute verkauft sie an Kirchweih bis zu 35 Stück an einem Tag.

Um die Qualität anbieten zu können, für die manche Gäste bis aus Österreich kommen, gibt es das Schmankerl nur auf Vorbestellung. Nicht vorbestellen muss man die Brotzeiten und andere Speisen von der Tageskarte wie den Tafelspitz oder den Schweinsbraten.

Vorbestellung ist überhaupt ratsam, denn nur bei schönem Wetter ist auf der sonnigen Terrasse über einem Becken mit Forellen Platz für über 100 Gäste. Im Winter wird es eng, und nur ganz spezielle Gäste dürfen dann im Wohnzimmer essen. So wie z. B. der verstorbene TV-Showmaster Robert Lembke. Der schrieb beglückt ins Gästebuch: »Was bin ich? Sehr satt und sehr zufrieden.«

ZUM HERRMANNSDORFER SCHWEINSBRÄU

GLONN

Herrmannsdorf 7
85625 Glonn
Tel. 0 80 93 / 90 94 45

ANFAHRT
Von Glonn etwa 2 km nach Hohentann, dort bei den hölzernen Kühen (gehören schon zu den Landwerkstätten) links abbiegen.

ÖFFNUNGSZEITEN
Mittwoch bis Freitag von 12 bis 14 Uhr und 18 bis 1 Uhr,
Samstag von 12 bis 15 Uhr und 18 bis 1 Uhr,
Sonntag durchgehend von 12 bis 1 Uhr, Küche jeweils bis 21.30 Uhr.
Montag und Dienstag Ruhetag.

SPEZIALITÄTEN
Fleisch, Getreide, Salat und Gemüse aus hofeigener ökologischer Aufzucht und Anbau; hausgebrautes Bier. Preislage: gehoben.

TIPP
Öko-Produkte können im Hofladen erworben werden
(Dienstag bis Donnerstag 9 bis 13.30 Uhr und 15 bis 18 Uhr, Freitag durchgehend, Samstag 9 bis 13 Uhr, Tel. 0 80 93 / 90 94 34).

KÜCHE ★★★★   AMBIENTE ★★★

Bayerische Küche auf Gourmet-Niveau, gibt's das? Jawohl, und alles noch dazu in Bio-Qualität. 20 Kilometer südöstlich von München in Herrmannsdorf bei Glonn hat Karl Ludwig Schweisfurth eine Vision verwirklicht. 1987 verkaufte er seinen Herta-Wurstkonzern und steuert seither auf seinem Öko-Mustergut nach Kräften gegen Massentierhaltung und industrielle Lebensmittelproduktion.

In den Herrmannsdorfer Landwerkstätten gibt es (fast) alles, was ein Koch sich wünschen kann. In den Stallungen mit viel Auslauf tummeln sich die schwäbisch-hällischen Schweine, die Hühner schar-

In den hohen Räumen wird immer wieder moderne Kunst gezeigt

ren auf dem Hof, in den Gärten und auf den Äckern ringsum wachsen Gemüse, Salat und Kräuter. Die hofeigene Käserei verarbeitet Milch von glücklichen Kühen, in Kühlhäusern reifen hochwertiger Speck und Schinken.

Und mittendrin steht ein Wirtshaus mit eigener Brauerei. In der alten Tenne des Gehöfts, mit Blick auf den Schweinestall (daher der Name), wurde dieses Ensemble eingerichtet. Die Einrichtung der hohen Räume versucht den Spagat zwischen Urigkeit und Eleganz mit moderner Kunst an den Wänden und Möbeln aus hellem Holz.

Bodenständig und hochelegant zugleich ist die Küche von Thomas Thielemann. Mit klassischen Zutaten wie Renke, Schwein und Lamm hebt er das Bayerische in ungeahnte Höhen. Die klare Fleischsuppe

ZUM HERRMANNSDORFER SCHWEINSBRÄU

mit Fleischschöberln wird schon mal mit Ingwer gewürzt, die Renke nach Bismarck-Art fein säuerlich eingelegt und leicht temperiert serviert. Ochsenfleisch kommt als »Variation« auf den Teller: gekochte flache Rippe und kurz gebratenes Rib-Eye-Steak, als Beilagen gedünsteter Romana-Salat mit Tomatenkompott. Der Preis wäre selbst in der Stadt schon an der Obergrenze, aber mit gutem Gewissen zu essen, macht einfach noch mehr Spaß.

Schweinsbraten von glücklichen Schweinen gibt's natürlich auch, zum Beispiel als knusprig gebratenes Wammerl mit Kartoffel-Gurken-

Der Braumeister kontrolliert den Sud

Salat und Bierhefe-Soße. Die Bierhefe kommt selbstverständlich aus der hauseigenen Brauerei, in der Helles und Dunkles gebraut werden, im Mai und im Winter auch dunkler Bock. Auch beim Bier kommen alle Zutaten wie Gerste und Hopfen selbstverständlich aus ökologischem Landbau.

Wer guten Wein sucht, kommt in einem Gasthaus, das auch von anspruchsvollen Feinschmeckern geschätzt wird, ebenfalls auf seine Kosten. Die international bestückte Weinkarte, die mehr auf Qualität, als auf große Namen ausgerichtet ist, lässt kaum Wünsche offen. Und dass zu guter Letzt auch die zahlreichen Desserts vom Eis bis zum Kirsch-Michl mit Vanillesoße hausgemacht und von erster Güte sind, versteht sich von selbst.

Die Fleisch-und Wurstwaren kommen aus der hauseigenen Metzgerei, in der ohne Zusätze wie Phosphat gearbeitet wird. Das Fleisch wird schlachtwarm verarbeitet, dann hat es noch eine natürliche Bindekraft und kann daher ohne Zusatzstoffe zu Würsten verarbeitet werden. Nach rund zehn Stunden verliert das schlachtwarme Fleisch diese positiven Eigenschaften.

Diese Technik ist bei konventionell arbeitenden Metzgern in den 70er-Jahren von der modernen Technik verdrängt worden – allerdings um den Preis der Zusatzstoffe. In Herrmannsdorf sind auch Würzmittel wie Glutamat tabu, die im Metzgerhandwerk ansonsten zum Standard zählen. Das schmeckt spürbar anders. Eine Weißwurst aus Herrmannsdorf mag für manchen durchaus gewöhnungsbedürftig sein. Das enthaltene Fleisch ist gröber und der ganze Inhalt nicht so fein emulgiert, wodurch die Weißwurst eine ungewohnte Konsistenz bekommt. Denselben Effekt kann man auch bei Leberkäse und Wiener Würstchen feststellen.

Die Konsequenz, mit der in Herrmannsdorf gearbeitet wird, hat Vorbildfunktion. Karl Ludwig Schweisfurth hat auch schon selbst einen Ableger gegründet. In der Nähe von Hannover wurde im Frühjahr 2000 ein Öko-Projekt nach dem Vorbild seiner Landwerkstätten eröffnet. Der Renner ist dort wie auch in Herrmannsdorf der Hofladen, in dem man alle Produkte der Landwerkstätten inklusive Öko-Bier für zuhause kaufen kann.

Diese hölzernen Kühe weisen den Weg nach Herrmannsdorf

BRAUEREIGASTHOF AYING

AYING

Zornedinger Straße 2
85653 Aying
Tel. 0 80 95/9 06 50

ANFAHRT
Auf der Autobahn A 8 bis Ausfahrt Hofoldinger Forst,
über Faistenhaar 8 km bis Aying.
Von der S-Bahn-Station Aying (S1) sind es 10 Minuten zu Fuß.

ÖFFNUNGSZEITEN
Geöffnet von 7 bis 1 Uhr,
Küche von 11.30 bis 14.30 Uhr und 17.30 bis 21.30 Uhr.

SPEZIALITÄTEN
Das komplette Ayinger Biersortiment, darunter naturtrübes Kellerbier;
Zwiebelrostbraten, Spanferkelsülze, Spanferkel in Dunkelbiersoße.
Preislage: mittel bis gehoben.

TIPP
In der nach ökologischen Gesichtspunkten neu gebauten Brauerei
(Münchner Straße 21) gibt es dienstags und donnerstags um 11 Uhr
und samstags um 15 Uhr eine Führung mit Verkostung.
Treffpunkt ist am Brauereieingang. Dauer eineinhalb bis zwei Stunden.
Info unter 0 80 95/88 90 (Frau Fürst).

KÜCHE ★★★★   AMBIENTE ★★★

AYING

Wenn es Aying nicht gäbe, müsste man es erfinden. Nur, ob man es so hinbekäme wie das Original, ist eine andere Frage, so harmonisch ist das über Generationen gewachsene Gesamtkunstwerk aus Landwirtschaft, Handwerk und Gastronomie. Wirtschaftliches Zentrum der Aktivitäten der Familie Inselkammer ist die bekannte Brauerei, doch der renommierte Brauereigasthof ist alles andere als ein Anhängsel.

Hier kommt zusammen, was die großen Ländereien der alteingesessenen Familie einbringen. Das Fleisch stammt aus der eigenen

Der gepflegte Garten des Brauereigasthofes

Zucht in Siegertsbrunn, wo Charolais- und Angus-Rinder im Stall stehen und mit Futter von eigenen Äckern gemästet werden.

Wild kommt aus den familieneigenen Jagden in den umliegenden Wäldern, Salat und Gemüse stammen aus der Gärtnerei gleich nebenan. Deshalb müssen die Köche mit dem Salat besonders sorgfältig umgehen, denn in diesem Garten wächst das Grünzeug noch in echter Erde, sogar Schnecken gibt's. Auf den Feldern wächst Getreide, das außer zur Viehmast vor allem zum Brauen der vielen Biersorten verwendet wird.

Gesegnet ist ein Koch, der aus dieser Vielfalt schöpfen darf. Josef Rampl, gebürtiger Tiroler, ist seit über 25 Jahren im Haus; seit 1979 ist er der Küchenchef. Er gehört zu der Generation von Köchen, die

die bayerische Küche weit über ihre ursprünglich bäuerliche Derbheit hinaus gehoben und weiterentwickelt haben.

Wie es sich für das Aushängeschild einer Brauerei gehört, wird auch viel mit dem eigenen Bier gekocht. Die Zanderterrine wird mit einem Weißbier-Essig-Dressing verfeinert. Der Schweinsbraten kommt mit dunklem Bier ins Rohr, ebenso wie das Spanferkel in Bier gegart wird. Die Leber des Spanferkels wird, nur ganz zart gebraten, serviert an – natürlich – hausgemachten Kräuterspätzle und einer delikaten Schwammerlsauce.

Küchenchef Josef Rampl

Es gibt viele Varianten vom Wild aus der eigenen Jagd, angefangen bei einer gehaltvollen Rehkraftbrühe mit Madeira und Pfannkuchenstreifen bis hin zum Rehrückenfilet mit Pfifferlingen und Schupfnudeln. Die Forelle kommt – wir haben's fast geahnt – schlachtfrisch aus dem eigenen Bassin und wird nach Wunsch blau oder nach Müllerinart zubereitet.

Rampl schaut weit über seinen Tellerrand hinaus, immer wieder finden hier Spezialitäten-Wochen statt. Zur italienischen Woche kamen renommierte Kollegen aus dem norditalienischen Piemont. Die Idee, Kalbfleisch in Rotwein zu schmoren, griff Rampl auf, ebenso den Risotto mit Rotwein, ein selbst in Italien nicht alltägliches Gericht. Einmal im Jahr kommen Gastköche von der Nordsee nach

AYING

Aying, und eine Woche lang schwelgt Rampl dann in Tiroler Heimatgefühlen mit Speck, Schlutzkrapfen und Zwetschgenknödeln.

Am besten schmeckt das Essen nach einer Wanderung oder der hochinteressanten Besichtigung der nach ökologischen Gesichtspunkten völlig neu gebauten Brauerei, deren Biere bei den jährlichen DLG-Prämierungen wahre Abräumer sind.

Im Gasthaus mundet am besten das frische unfiltrierte Kellerbier, wobei man hier alles andere als bierdimpfelig ist, sondern höchst souverän: Die Tische in der gediegenen großen Stube sind weiß eingedeckt und an jedem Platz steht ein Weinglas.

Satter Efeu umrankt den Eingang

GASTHAUS VON FRANZ INSELKAMMER

HÖHENKIRCHEN-SIEGERTSBRUNN

Hohenbrunner Straße 8
85643 Siegertsbrunn
Tel. 0 81 02 / 89 99 75

ANFAHRT

Auf der A 99 (Ostumfahrung München) bis Ausfahrt Ottobrunn, von dort
4,5 km stadtauswärts nach Höhenkirchen, von dort 1,5 km nach Siegertsbrunn.
Per Bahn: mit der S 1 bis Höhenkirchen-Siegertsbrunn,
von dort 700 m zum Gasthof.

ÖFFNUNGSZEITEN

Täglich 10 bis 24 Uhr, durchgehend warme Küche.

SPEZIALITÄTEN

Brotzeiten mit Wurst und Schinken aus der eigenen Metzgerei, alles Fleisch stammt
vom Gut Siegertsbrunn, Gemüse und Salate stammen überwiegend aus Bio-Anbau.
Preislage: mittel bis leicht gehoben.

TIPP

Bei schönem Wetter kann man die Ochsen vom Inselkammer-Gut Siegertsbrunn
neben dem Gasthaus grasen sehen.

KÜCHE ★★   AMBIENTE ★★★

HÖHENKIRCHEN-SIEGERTSBRUNN

Alte Wirtshäuser kann man so oder so renovieren: Die meisten werden verschandelt, einige bleiben erträglich, wenige werden zu Prachtstücken. Das Gasthaus von Franz Inselkammer in Siegertsbrunn gehört zu der dritten Art. Mit viel Gespür fürs Detail wurde im Geburtshaus von Franz Inselkammer, dem Vater des heutigen Braumeisters in Aying, der ganz traditionell natürlich auch wieder Franz heißt, umgebaut und renoviert.

Von der Fassade bis zu den geschnitzten Einlegearbeiten im Holzfußboden des Gastraums wurde hier bis in die kleinsten Details vorbildlich gearbeitet, und keine Mühen und Kosten gescheut: Auch im Biergarten unter den hohen Bäumen sitzt man an massiven Holzmöbeln.

Bei dem Umbau, der im Herbst 1998 fertig war, wurde der frühere Heustadel des Hauses zum Festsaal für 200 Personen umgestaltet, eine Metzgerei und ein eigenes Schlachthaus wurden völlig neu gebaut.

Auch beim kulinarischen Angebot erkennt man die Liebe zum Detail: Schon beim Eingang dürfen die neu angekommenen Gäste beispielsweise Hartwürste aus der hauseigenen Metzgerei probieren.

Im Gastraum sitzen dann vom DASA-Ingenieur bis zum Handwerker aus dem Ort zufriedene Gäste an rohen Holztischen und lassen sich die verschiedenen Ayinger Biere, Brotzeiten und Fleischgerichte von der Rindsroulade über Kalbsbraten bis zum Schweinsbraten schmecken.

Der Gasthof wurde vorbildlich renoviert

Alles hier angebotene Rind- und Schweinefleisch stammt vom Gut Siegertsbrunn, wo die Tiere artgerecht, ohne Chemie und Medikamente, aufwachsen. Wer sich diesen echten, ursprünglichen Geschmack auch mit zu sich nach Hause nehmen möchte: Der Metzgerladen an der Rückseite des stattlichen Hauses ist zu den üblichen Ladenzeiten geöffnet.

BRÄUSTÜBERL REUTBERG
SACHSENKAM

Am Reutberg 2
83678 Sachsenkam
Tel. 0 80 21 / 86 86

ANFAHRT
A 8 Richtung Salzburg, Ausfahrt Holzkirchen,
von Holzkirchen auf der B 13 Richtung Bad Tölz,
von Sachsenkam aus gemäß den Wegweisern nach ca. 1 km.
Wanderer und Radler starten am S-Bahnhof Holzkirchen (ca. 8 km).

ÖFFNUNGSZEITEN
Täglich von 9 bis maximal 24 Uhr.

SPEZIALITÄTEN
Reutberger Klosterbiere von der Genossenschaftsbrauerei;
Enten, Haxen und Hendl vom Grill, am Donnerstag Schlachtplatte.
Ab 15. März gibt's fünf Tage den Josephi-Bock.
Preislage: günstig.

TIPP
Die Marienwallfahrtskirche ist ein Juwel des Spätbarock, das Naturschutzgebiet
um den nahe gelegenen Kirchsee ein Wanderparadies.

KÜCHE
★

AMBIENTE
★★★

SACHSENKAM

Der Reutberg mit seinem einmaligen Blick vom Wendelstein bis ins Karwendelgebirge hat etwas Erhebendes. Und es ist kein Wunder, dass die Franziskanerinnen hier 1606 ein Kloster errichteten und die Marienkirche ein Wallfahrtsort wurde. Die Wallfahrer von heute haben weniger die Kirche als den traumhaften Biergarten mit dem Klosterbier und die Schmankerlküche des Bräustüberls im Sinn.

Früher führten in der Brauerei die Franziskanerinnen das Regiment, heute kommt das Bier aus der Genossenschaftsbrauerei: ein spritziges Kloster-Weißbier, Helles und Dunkles vom Fass. Die Preise sind zivil, um nicht zu sagen christlich.

Auf dem malerisch gelegenen Hügel im Alpenvorland treffen sich nicht nur Ausflügler, auch Einheimische sitzen unter den Kastanien oder drinnen am Stammtisch und diskutieren die Weltlage im Allgemeinen und die Feinheiten der Landwirtschaft im Speziellen.

Die Wirtsleute bringen in der 1995 komplett renovierten Schwemme eine bodenständige bayerische Küche auf den Tisch. Enten, Haxen und Hendl vom Grill, saftigen Krustenbraten und am Donnerstag Schlachtschüssel.

Wer sich die angegessenen und angetrunkenen Kalorien wieder schnell abtrainieren will, sollte mehr als die 50 Meter zur Klosterkirche wandern. In der Umgebung finden Bewegungshungrige beste Voraussetzungen. Wenig befahrene Straßen locken die Radler, stille Wege die Wanderer, und im nahen Kirchsee kommen die Schwimmer auf ihre Kosten.

Weithin zu sehen: das Kloster Reutberg

JÄGERWIRT

KIRCHBICHL/BAD TÖLZ

Nikolaus-Rank-Straße 1
83646 Kirchbichl/Bad Tölz
Tel. 0 80 41 / 95 48

ANFAHRT
A 8 Richtung Salzburg, Ausfahrt Holzkirchen, von Holzkirchen auf der B 13 Richtung Bad Tölz, in Sachsenkam rechts abbiegen, 6 km bis Kirchbichl. Wanderer kommen vom Bahnhof Bad Tölz (ca. 6 km), Radler von der S-Bahn-Station Holzkirchen (ca. 14 km).

ÖFFNUNGSZEITEN
Täglich von 11 bis 22 Uhr,
warme Küche von 12 bis 14.30 Uhr und 17.30 bis 20.30 Uhr.
Montag und Donnerstag Ruhetag.

SPEZIALITÄTEN
Gegrillte Schweins- und Kalbshaxn (auf Vorbestellung!),
Kräuter und Tee aus dem eigenen Garten, hausgemachte Kuchen.
Preislage: günstig.

TIPP
Der Jägerwirt ist das passende Gasthaus, wenn man sich im Alpamare in Bad Tölz oder bei einer Bergwanderung den richtigen Hunger geholt hat.

KÜCHE ★★ AMBIENTE ★★

KIRCHBICHL/BAD TÖLZ

Unscheinbar liegt das Örtchen Kirchbichl ein paar Kilometer nördlich von Bad Tölz inmitten saftiger Wiesen. Träge liegen die Kühe im Grün, kaum etwas kann hier die Ruhe stören. Auch Wirt Peter Rank ist ein ruhiger Mann, zusammen mit seiner Frau Sabine betreibt er den Jägerwirt, den er vor dreieinhalb Jahren von den Eltern übernommen hat.

Als junger Bursche hatte der 33-Jährige ganz andere Pläne: Er erlernte erst mal das Zimmererhandwerk, auch um Distanz zum Elternhaus zu bekommen. Mit Kochen und Wirtsein hatte er nichts am Hut. Zunächst. Später juckte es ihn doch, und er erlernte auch noch den Kochberuf und stieg im elterlichen Betrieb ein, der seit vier Generationen von der Familie geführt wird. Die Straße vor dem Haus ist nach dem Großvater benannt.

Ranks Eltern haben sich in 25 Jahren harter Arbeit die Stammkundschaft erworben, die vor allem wegen der gegrillten Haxn in das 350 Jahre alte Haus kommen. Peter Rank hat das Bewährte übernommen, aber auch ein wenig modernisiert. So gibt es jetzt zu den Haxn eine große Schüssel mit frischen Salaten. »Die Leute sollen wieder schauen, was sie essen«, kritisiert er die um sich greifende Fast-Food-Mentalität.

Jeden Tag schreibt er seine Speisekarte mit zehn Gerichten neu, und er achtet genau auf die Wahl seiner Zutaten. Gegenüber dem Haus mit seinem schattigen Wirtsgarten baut er verschiedene Kräuter wie Liebstöckel, Salbei, Rosmarin und Zitronenmelisse an, die Pfefferminze gibt's als Tee auf der Karte.

Die kräftigen Brotzeiten stammen von Metzgereien aus der Gegend, die Kuchen backt seine Frau Sabine jeden Tag frisch. Und eine Neuerung hat Frau Rank ebenfalls noch eingebracht: das saftige Dinkelbrot, das aus frisch gemahlenem Vollkornmehl im Haus gebacken wird.

Peter Rank in seinem Kräutergarten

FORSTHAUS WÖRNBRUNN
GRÜNWALD

Wörnbrunn 1
82031 Grünwald
Tel. 0 89/6 41 82 80

ANFAHRT
Auf der A 995 München–Brunnthal, Ausfahrt Oberhaching/Grünwald, der Wegweisung Richtung Grünwald folgen. Im Wald rechts nach Wörnbrunn abbiegen. Oder von Grünwald auf der Landstraße Richtung Bad Tölz, in Grünwald links Richtung Oberhaching abbiegen.
Von der S-Bahn-Station Furth (S 2) geht man 20 Minuten durch den Wald.

ÖFFNUNGSZEITEN
Täglich von 10 bis 24 Uhr.
Warme Küche bis 22.30 Uhr, nachmittags kleinere Karte.

SPEZIALITÄTEN
Aperitif-Variationen mit Hollerlikör oder Hollersekt;
Rahmsuppe mit Kräutern aus dem eigenen Garten,
Rehbraten mit Wacholdersahne, dazu Brezngugelhupf.
Preislage: mittel bis gehoben.

TIPP
Im Wildgehege gegenüber dem Forsthaus kann man Hirsche, Rehe und – seltener – Wildschweine beobachten.

KÜCHE ★★★★   AMBIENTE ★★★

GRÜNWALD

Als der Hof Wörnbrunn um 1170 erstmals urkundlich erwähnt wurde, lag er noch im finstersten Wald und wechselte oft den Besitzer. Hin und her ging es zwischen Klöstern und dem Hause Wittelsbach. Als Unterpächter wurde der Hof jahrhundertelang von Bauern geführt. Ein hartes und raues Leben – und ein nicht so genau kontrolliertes.

Immer wieder bekamen sie Ärger mit dem Wirt von Grünwald, weil sie ohne Konzession an jedermann Bier »auszäpfelten«: »Es zechten manchmals Leute beiderlei Geschlechts bis in den Morgen«,

Bayerische Küche auf höchstem Niveau: Küchenchef Andreas Geitl

notierten die Chronisten eine Beschwerde des Konkurrenten bei den örtlichen Behörden.

1789 war es soweit: Die Wörnbrunner durften Bier legal ausschenken. Das taten sie mehr und mehr an die Jäger, die im Grünwalder Forst auf die Pirsch gingen. Hundert Jahre später wurde eine vollwertige Gastwirtschaft aus dem Forsthaus, das 1975 von Richard Süßmeier, dem legendären »Wirte-Napoleon«, gekauft wurde.

Süßmeier holte 1983 den jungen Andreas Geitl als Küchenchef, der sehr bald für seine Arbeit hoch gelobt wurde und sich einen Ruf als Modernisierer der bayerischen Küche erarbeitete.

Geitl blieb, als Süßmeier sich zurückzog und die Wirte Elke und Hanns-Werner Glöckle kamen. Die bauten das Konzept der modernen bayerischen Gastlichkeit in den vielen Räumlichkeiten von der Bauernstube bis zum Festsaal noch weiter aus – Hand in Hand mit der Küche.

Diese bietet natürlich Klassiker wie Schweinsbraten oder Rehbraten mit Pfifferlingen und Preiselbeeren. Doch bei der Beilage zum Reh wird's schon spannend. Der Brezngugelhupf ist eine von Geitls Kreationen: Ein lockerer Breznknödelteig wird nicht etwa in Wasser gegart, sondern wie ein Soufflé in einer Gugelhupf-Form. So kann er nicht verwässern.

Schattig sitzt man vor der alten Tenne des Forsthauses

Die ganze Speisekarte ist gespickt mit originellen Varianten bekannter Schmankerl, stets auf hohem Niveau zubereitet. Zum Aperitif gibt's Weißbier mit Hollerlikör, die Tafelspitzsülze wird mit sauer angemachten Breznknödeln und Kernöl serviert. Als Reaktion auf die verschiedenen Lebensmittel-Skandale hat Geitl sein Repertoire noch mal erweitert. So bietet er jetzt auch vegetarische Spezialitäten an, wie beispielsweise ein Kohlrabischnitzel in der Parmesankruste, dazu Rucola-Bratkartoffeln.

Wenn unsere Landwirtschaft kreativer wäre, könnte so etwas – mit Augenzwinkern – sogar als bayerisch durchgehen, schließlich müßte sich auch aus bayerischer Milch ein wertvoller Hartkäse wie Parmesan machen lassen und Rucola kann man auch Rauke nennen …

Geitl verwendet gerne frische Kräuter, die er in einem Gärtchen hinter dem Forsthaus zieht. In der Saison gibt es seine geliebten Pfifferlinge, ab Herbst Enten und Gänse. Beim Fisch hat er auch eine bayerisch-mediterrane Kreation auf Lager: der »schwarze und weiße Presssack« sind feine Fischsülzen, von denen eine mit Tintenfisch-Tinte gefärbt wird. Das »Tiramisu vom Weißbier«, das nicht zuletzt durch Geitl bekannt wurde, hat er selbst wieder entbajuwarisiert. Jetzt bereitet er seine Spezialität mit Champagner zu. »Das ist noch mal leckerer«, meint er verschmitzt.

Wer einmal mit dem humorvollen und versierten Koch am Herd stehen möchte, hat regelmäßig Gelegenheit dazu: »Kochen und Genießen« heißt das Motto, unter dem er mit seinen Gästen einen Nachmittag lang ein feines bayerisches Menü kocht. Zum gemeinsamen Abendessen in einer der gemütlichen Stuben, das den Abschluss des lehrreichen, mitunter schweißtreibenden, aber immer unterhaltsamen Ereignisses bildet, dürfen die Teilnehmer dann auch ihre Partner einladen. Information und Anmeldung im Forsthaus Wörnbrunn.

Der Garten ist von den Gebäuden umrahmt

GASTHOF ZUM WILDPARK

STRASSLACH

Tölzer Straße 2
82064 Straßlach
Tel. 0 81 70/6 35

ANFAHRT
Auf der Tölzer Straße über Grünwald nach Straßlach;
von der Endhaltestelle der Straßenbahn 25 in Grünwald
sind es rund 3 km zu Fuß.

ÖFFNUNGSZEITEN
Täglich von 9.30 bis 24 Uhr,
warme Küche durchgehend von 11.30 bis 21.30 Uhr.

SPEZIALITÄTEN
Fleisch und Wurst aus eigener Schlachtung und Metzgerei,
Innereien vom Kalb, Spanferkel, nachmittags im
Biergarten gegrilltes Bauernhendl und Bier vom Holzfass.
Preislage: mittel.

TIPP
Fleisch und Wurstwaren aus der eigenen Schlachtung
können auch im Metzgerei-Geschäft gekauft werden,
das zum Wildpark gehört.

KÜCHE ★★★   AMBIENTE ★★

STRASSLACH

So eine große Auswahl an bayerischen Schmankerln wie im Gasthaus zum Wildpark kann nur ein Wirtshaus mit eigener Metzgerei anbieten, und nur eines, das groß genug ist und genug Gäste hat, um alles frisch verkaufen zu können.

Um Gäste brauchen sich Christl und Toni Roiderer, zugleich Wiesn-Wirte im Hacker-Festzelt, das ebenfalls für seine Küche gelobt wird, keine Sorgen zu machen. An einem ganz normalen Wochentag kann es sogar einem einzelnen Gast mittags passieren, dass er nicht gleich einen Platz in der Stube bekommt. Denn es ist weit über das

Die Wildpark-Wirte: Christl und Toni Roiderer

Dorf Straßlach hinaus bekannt, dass hier eine nicht alltägliche Qualität auf den Teller kommt.

Besonders die Spezialitäten vom Kalb haben es den Gästen angetan. Gebackener Kalbskopf und gebackene Kälberfüße werden mit Kartoffelsalat serviert, die gegrillte Kalbsleber kommt mit geschmorten Apfelscheiben und Röstzwiebeln auf den Tisch, das Kalbsherz vom Rost mit Kartoffelpüree und Karotten, die Nierchen ebenfalls. Alles ist handwerklich perfekt zubereitet, die Panade bei den in Fett gebackenen Schmankerln nicht zu fett, die Nierchen und das Herz nur so lange gegart, dass sie noch richtig saftig sind.

Ansonsten bietet die Speisekarte alles an traditioneller bayerischer Fleischküche, was das Genießer-Herz begehrt: saftig gegrillte Ente mit rescher Haut, kerniges Tellerfleisch vom Mastochsen, Spanferkel und natürlich Schweinsbraten. Der wird – ganz klassisch – mit Kartoffelknödel und Speckkrautsalat serviert, ebenso wie die knusprig gegrillte Schweinshaxe.

Garant für die Qualität ist die hauseigene Metzgerei, die genau auf die Herkunft ihres Schlachtviehs achtet. Im Gasthaus und im Metzgerei-Geschäft hängen stets Schreiben vom jeweiligen Lieferanten, die bis zur Adresse des Hofes und dem Namen des Bauern genaue Auskunft über die Herkunft der einzelnen Tiere erteilen.

Im Biergarten gibt's das Helle aus dem Holzfass

Gelegentlich gibt es auch Wild wie Hirschmedaillons mit frischen Pfifferlingen und hausgemachten Spätzle, aber sonst spielen Reh und Hirsch eher eine Nebenrolle. Schließlich existiert auch seit über 80 Jahren der Wildpark der Wittelsbacher nicht mehr, die sich dort das Wild hegen und zur Jagdzeit vor die Büchsen treiben ließen.

Ein Brauch aus dieser Zeit ist aber erhalten geblieben: Im Biergarten, wo man unter großen Kastanien an massiven Holztischen und Bänken sitzt, läutet nachmittags ab fünf Uhr in unregelmäßigen Abständen die Glocke. Stammgäste kennen das Zeichen: Jetzt wird ein neues Holzfass mit sämig-süffigem Hacker-Edelhell angezapft, das nach seiner Anlieferung erst noch einige Zeit im Kühlkeller ruht und reift, bevor es zum Ausschank kommt.

Ein Ausflugsziel der besonderen Art: die Mühle, in den Isarauen vor den Toren Münchens gelegen. Hier kehren nicht nur Wanderer und Radler ein, sondern – ebenfalls bevorzugt am Wochenende – auch die Passagiere der vielen Flöße, die hier vor der größten Floßrutsche Europas Halt machen. In dieser Rutsche umgehen die Flöße das historische Wasserkraftwerk Mühltal der Isar-Amper-Werke.

Am beliebtesten ist die Mühle natürlich bei schönem Wetter, bis zu 300 Gäste finden vor dem Haus und in dem mit alten Kastanien bestandenen Biergarten Platz.

Die Stuben sind noch im Originalzustand und werden nur mit Holzöfen beheizt

Aber auch wenn es mal nass und kalt ist – in der Mühle ist es richtig gemütlich. Dann bullern die Kachelöfen, und wenn es richtig voll wird, rucken die Gäste zamm: In den über 200 Jahre alten Stuben könnte man meinen, man ist in einer anderen Zeit.

Die Räume der Mühle sind praktisch noch im Originalzustand erhalten: Holzvertäfelung an der Wand, Dielenböden aus Fichte, alte raue Möbel – man könnte meinen, in einem kleinen Heimatmuseum zu sitzen. Geheizt wird ausschließlich mit Holz. Von Zeit zu Zeit kann man den Wirt Robby Hirtl in seinem ganz privaten »Fitnessstudio« hinter dem Haus beobachten: beim Holzhacken. Und gerade im Winter braucht man eine Menge Holz, um ein Haus dieser Größe warm zu halten.

ZUR MÜHLE

Hirtl (42) hat sich bereits als 18-jähriger, gerade ausgelernter Koch schon einmal um die Mühle beworben. Die Isar-Amper-Werke, Eigentümer des benachbarten Wasserkraftwerks und des Gasthauses winkten ab: Er sei wohl noch etwas jung. Nach (Lehr-)Jahren in aller Welt, von Asien bis München-Obermenzing (!), heuerte er vor zehn Jahren wieder als Koch in der Mühle an, seit 1993 ist er der Wirt, zusammen mit seiner Partnerin Renate Kreisz.

Im Sommer machen die Floß-Passagiere einen guten Teil der Gäste aus. Schon von weitem kann man die Blaskapellen hören, die auf den

Eine Riesengaudi, aber nicht ganz ungefährlich: Flöße auf der Rutsche

Holzflößen für Stimmung sorgen. Seit dem Krieg dient die Flößerei dem Fremdenverkehr und nicht mehr dem Holzhandel. In München-Thalkirchen angekommen, werden die zusammengebundenen Stämme wieder zerlegt, auf den LKW geladen und zurück zur Ablegestelle in Wolfratshausen gefahren. Die größte Gaudi sind die Floßrutschen, in denen die Wasserkraftwerke umfahren werden. Wer ganz vorne sitzt oder nicht aufpasst, wird ordentlich nass. Was aber keine große Rolle spielt, da vorher meistens schon von innen ordentlich angefeuchtet wurde.

Die frische Luft auf dem Floß macht hungrig, und da kommt die einfache, aber ehrliche Küche in der Mühle wie gerufen. Auf der täglich neuen kleinen Karte steht fast immer der Schweinsbraten mit

Knödel und Speckkrautsalat, und stets etwas Gesottenes vom Ochsen, zum Beispiel Ochsenbrust mit Meerrettich und Kartoffelsalat. Das Ochsenfleisch kommt vom Gut Karlshof der Stadt München, das bekannt ist für die hohe Qualität seiner Mastochsen.

Zur Wahl steht auch regelmäßig ofenfrischer Leberkäs mit Kartoffelsalat, den Hirtl wie den Presssack vom örtlichen Metzger nach seinen Vorgaben machen lässt; Vegetarier bekommen Rahmschwammerl mit hausgemachten Semmelknödeln oder eine Pfanne mit gemischtem geschmortem Gemüse.

Hirtl kocht jeden Tag frisch, auch wenn reihenweise Flöße angemeldet sind. Da warten dann dutzende bis hunderte von Tellern auf die Gäste. Wenn an schönen Tagen Wanderer, Radler und Floßfahrer alle auf einmal kommen, kann auch mal umgekehrt passieren, dass hungrige Esser ihrerseits auf die Teller warten müssen. Doch die Atmosphäre in dem großen Biergarten hier an der Isar ist so fröhlich und entspannt, da kommt keine Hektik auf.

GASTHAUS ZUR POST

EGLING

Hauptstraße 11
82544 Egling
Tel. 0 81 76 / 3 84

ANFAHRT
Auf der Autobahn A 95 München – Garmisch, Ausfahrt Wolfratshausen,
von dort 9 km bis Egling.

ÖFFNUNGSZEITEN
Täglich ab 8 Uhr,
warme Küche von 11 bis 22 Uhr durchgehend,
Montag ab 17 Uhr geöffnet.

SPEZIALITÄTEN
Dienstagmittag Kesselfleisch vom Schwein mit Kronfleisch, Herz,
Lunge und Saukopf, freitags kesselfrische Weißwürste,
jeden ersten Donnerstag im Monat abends Ochsenschlachtfest.
Eigenes Metzgerei-Geschäft.
Preislage: günstig bis mittel.

TIPP
Zum Anwesen gehört eine urige Forsthütte,
die früher im Forstenrieder Park stand.
Sie kann für Feiern mit bis zu 65 Personen gebucht werden.

KÜCHE ★★   AMBIENTE ★★

EGLING

Dampfend steht der große Kessel mitten in der Gaststube. Flinke Bedienungen bringen frisch gebrühte Weißwürste an die Tische, die alle besetzt sind. Und das um halb elf Uhr vormittags. Handwerker sitzen dort, Hausfrauen, die vom Einkaufen kommen, und einige Feriengäste.

Das ist keine Szene aus einem Film, sondern freitagvormittags das echte Leben im Gasthaus zur Post in Egling.

Die Würste sind tatsächlich kesselfrisch, also nicht nach dem ersten Brühen gekühlt und wieder erwärmt, wie das heute mancherorts die Regel ist. Ebenso frisch ist dienstags das Kesselfleisch vom Schwein: Schon in aller Früh setzt Johann Oberhauser den Kessel mit Kronfleisch, Herz, Zunge und vor allem dem Saukopf auf das Feuer. Ohne Salz und Gewürze. Der intensive Geschmack, der sich bis zum späten Vormittag entwickelt, stammt ausschließlich vom Fleisch, den Schwarten und den Knochen.

Am liebsten mag Oberhauser, der neben der Ausbildung zum Metzgermeister auch das Kochhandwerk gelernt hat, sein Ochsenschlachtfest; dann steht er selbst in der Stube und bereitet vom Tafelspitz bis zu Herz und Züngerl für jeden Gast, was der sich aus dem Mega-Kessel wünscht.

An den »normalen« Tagen wird in der großen Stube eine gepflegte Gasthausküche serviert, die auf der hohen Qualität der hauseigenen Metzgerei aufbaut. Zur Schlachtung kommen hier Rinder und Kälber aus dem Umland, das Schweinefleisch stammt von ausgewählten Bauernhöfen in der Holledau.

Die gebackene Milzwurst wird mit Kartoffelsalat serviert, zum zarten Kalbsrahmbraten gibt's hausgemachte Spätzle. Das Wild kommt aus den umliegenden Jagden, das Rehgulasch wird mit Bandnudeln angerichtet, hier dürfte, wie auch beim Kalbsbraten, die Soße durchaus weniger dick sein.

In der großen Gaststube, die neu und mit viel Gespür eingerichtet wurde, sitzen die Gäste an blanken Holztischen. Wer's gern ruhiger hat, kann in einem der heimeligen Stüberl Platz nehmen. Hinter dem Haus liegt ein schattiger Wirtsgarten mit Blick auf die Stallungen des großen Anwesens.

Bis vor zehn Jahren hielt die Familie Oberhauser noch eigenes Vieh. Auch heute wird der Stall noch genutzt. Hier bekommen die Rinder noch eine Ruhepause, bevor sie ins Schlachthaus geführt werden.

ALTE GUTSKÜCHE
WOLFRATSHAUSEN

Bergkramerhof
82515 Wolfratshausen
Tel. 0 81 71 / 1 83 43

ANFAHRT
Auf der Autobahn A 95 Richtung Garmisch, Ausfahrt Wolfratshausen, Richtung Wolfratshausen abbiegen, gleich nach der Autobahnunterführung links den Wegweisern »Golfclub« folgen.
Vom S-Bahnhof Wolfratshausen (S 7) fährt ein RVO-Bus Richtung Münsing, Haltestelle Bergkramerhof.

ÖFFNUNGSZEITEN
Täglich von 11 bis 22 Uhr,
warme Küche von 12 bis 21 Uhr.
Dienstag Ruhetag. Reservierung empfohlen!

SPEZIALITÄTEN
Reiberdatschi in allen Varianten, Kartoffelschmarrn mit Zwiebel und Käse, in der Saison Zwetschgenknödel; dunkles Ettaler Klosterbier vom Fass.
Preislage: günstig.

TIPP
Auf dem Bergkramerhof werden noch Rinder gezüchtet, den großen Stall kann man besichtigen.

KÜCHE ★★   AMBIENTE ★★

Hier ist Kochen noch echte Handarbeit. Die Kartoffeln für ihre begehrten Reiberdatschi reibt Claudia Glanzer selbst. Das Zupacken hat sie gelernt, als Hauswirtschaftsmeisterin und Bäuerin. Seit 16 Jahren lebt sie auf dem Bergkramerhof hoch über der Loisach. Und seit vier Jahren betreibt sie die Alte Gutsküche mehr oder weniger als Ein-Frau-Betrieb.

Die Hälfte ihrer Gäste sind Golfer, aber auch Nicht-Golfer aus der Gegend kommen gerne in ihre urgemütliche Stube mit den vier rohen Tischen. Sie ist allerdings nicht so leicht zu finden. Kaum jemand würde auf einem Golfplatzgelände, in Nachbarschaft eines schicken Clubheims, ein g'standenes Wirtshaus mit so günstigem Essen vermuten.

Von den Tischen vor dem Haus hat man einen traumhaften Blick. Der Kulturschock durch den Golfer-Parkplatz ist ganz schnell vergessen, wenn man den Blick über das Loisachtal zu den Bergen hinüber schweifen lässt.

Claudia Glanzer kocht nach bester Hausfrauenart, und ihre Schmankerl kommen aus dem Rohr oder der Pfanne, eine Friteuse sucht man hier vergeblich. »Keine Pommes, kein Pils«, heißt Claudias Devise. Besonders beliebt sind ihre Reiberdatschi, die mit Apfelmus, mit Sauerkraut, aber auch mit Räucherlachs auf den Tisch kommen.

Serviert bodenständige Schmankerl zu reellen Preisen: Wirtin Claudia Glanzer

Ein besonderes Schmankerl unter den kalten Brotzeiten sind die Regensburger aus dem Essigsud, ein »Wurstsalat am Stück«. Mindestens eine Woche ziehen die Würste in der Beize und erhalten so eine ganz besondere Würze.

Fleischfreunde erfreuen sich auch am Wiener Schnitzel vom bayerischen Kalb oder am ofenfrischen Schweinsbraten. Den gibt's am Wochenende auch zum Mitnehmen. Claudia Glanzer nennt ihren Service »Call a Schweinsbraten« – ihr einziger Tribut an moderne Zeiten.

GASTHAUS LIMM ZUM NEUWIRT

MÜNSING

Hauptstraße 29
82541 Münsing
0 81 77 / 4 11

ANFAHRT
Auf der A 95 München–Garmisch, Ausfahrt Wolfratshausen/Münsing,
von dort zwei Kilometer nach Münsing.

ÖFFNUNGSZEITEN
Von 10 bis 14.30 Uhr und 17.30 bis 24 Uhr,
warme Küche von 11.30 bis 14 Uhr und 18 bis 21 Uhr,
Sonntagabend und Mittwoch geschlossen.

SPEZIALITÄTEN
Fleisch und Wurstwaren aus eigener Metzgerei, schlachtfrische Innereien,
im Winter Schlachtschüssel, Wild aus der Region, Fisch aus dem Starnberger See;
gute Weinauswahl.
Preislage: mittel bis gehoben.

TIPP
Außer der Limm'schen Metzgerei findet man in Münsing an der Hauptstraße
die Kas-Stub'n und einen Hofladen mit Bio-Markt.

KÜCHE
★★★★

AMBIENTE
★★

MÜNSING

Die Basis der Qualität ist im Gasthaus Limm – wie so oft in bayerischen Wirtshäusern – die eigene Metzgerei. Doch hier ist es noch mal ein bisschen anders: Die Metzgerei mit eigener Schlachtung hat so einen guten Ruf, dass hier sogar Koch-Legende Eckart Witzigmann Fleisch für seine Münchner Studio-Küche bestellt. Und auch was Sebastian Limm in seiner Küche daraus macht, ist weit über dem Alltäglichen.

In seinen Lehrjahren hat er den besten Köchen Münchens in die Töpfe geschaut, unter anderem war er ein Jahr im Tantris bei Sterne-

Sebastian Limm mit seiner Frau Ingeborg

Koch Heinz Winkler. Zuvor hatte er im elterlichen Haus seine Ausbildung zum Metzgermeister gemacht.

Im Frühjahr 2000 hat Sebastian das Haus, das seit 1908 in Familienbesitz ist, von seinem Vater übernommen. In den ursprünglichen Räumen aus der Gründerzeit befinden sich heute noch die Stube und die Küche.

Der 39-Jährige steht fest auf dem Boden seiner Heimat und macht sich dabei viele Gedanken. »Eine Gourmetküche ist heutzutage kaum mehr realisierbar«, sagt er, »der Aufwand ist einfach zu groß und irgendwie mag auch kaum mehr jemand verkünstelte Sachen«.

Trotzdem finden veritable Feinschmecker nach Münsing, denn ihnen werden hier seltene Schmankerl geboten. Die Kalbsnieren beim

Limm sind berühmt, ebenso das Kalbsbries, auch wenn sie nicht jeden Tag auf der Karte stehen. Innereien gibt es nur, wenn frisch geschlachtet wird, und geschlachtet wird nur, wenn das richtige Kalb da ist. Das kann am Dienstag sein, oder auch am Donnerstag. Insider rufen schon vorher an und erkundigen sich, wann es wieder soweit ist.

Die Heimatverbundenheit streicht Limm heraus, wo er nur kann. Vor allem bei der Herkunft des Fleisches. »Wir müssen hier transparent und Hand in Hand arbeiten – und sind alle gefordert. Die Münsinger Bauern, ich als Schlachter, Metzger und als Gastwirt«. Das von

Die große Gaststube

ihm verwendete Rindfleisch stammt auschließlich aus der nächsten Gegend, Limm kennt alle Bauern, die ihn beliefern, und vertraut der Qualität der Ware. Und die Kunden und Gäste vertrauen Limm seit Jahren. Umsatzeinbrüche, wie sie viele Wirte und Metzger zu beklagen haben, sind an ihm vorübergegangen.

Frische und Handarbeit sind in allen Bereichen, von der Metzgerei bis zur Küche, Limms Credo: »Wenn ich eine Krebssuppe mache, bereite ich die von A bis Z selber zu. Die Sauce hollandaise zum Spargel wird zweimal täglich frisch gemacht, da kommt nix aus dem Packerl dran.« Das mag für manche Ohren banal klingen, diese Philosophie ist aber in Zeiten der universellen Fertigprodukte beileibe keine Selbstverständlichkeit mehr.

MÜNSING

Auch bei der Zubereitung von Fischen glänzt Sebastian Limm. Die bezieht er bevorzugt vom nahen Starnberger See. Die Renke gibt es zum Beispiel ganz klassisch Müllerinart in der Pfanne gebraten, aus Hecht mit seinen gefürchteten Gräten werden – ähnlich wie im Elsass – zarte Nockerl geformt, die pochiert auf gedämpftem Blattspinat und mit Hummerschaum serviert werden.

Mit seiner ganzen Küche orientiert sich Limm auch sehr stark am Rhythmus der Jahreszeiten. Im Frühjahr schätzt er Spargel, im Sommer Pilze, im Herbst und Winter Enten und Gänse. Seine beliebte Schlachtschüssel gibt es – ganz konsequent – nur in der kühlen Jahreszeit von der Wiesn bis Ostern. »Man muss nicht das ganze Jahr über alles haben«, sagt Limm, »das wird doch langweilig«. Bei seiner vorbildlichen gehobenen bayerischen Küche wird es einem garantiert nicht so schnell fad.

Der Dorfweiher in Münsing

GASTHOF BERG

BERG/EURASBURG

Schmiedberg 2
82547 Berg/Eurasburg
Tel. 0 81 79/16 61

ANFAHRT
Auf der A 95 Richtung Garmisch, Ausfahrt Wolfratshausen/Münsing, dann nach Münsing. Dort links ca. 2 km nach Degerndorf, von dort 2 km der Wegweisung nach Berg folgen.

ÖFFNUNGSZEITEN
Ab 10 Uhr geöffnet,
ab 11 Uhr durchgehend warme Küche.
Montag und Dienstag Ruhetag.

SPEZIALITÄTEN
Je nach Angebot Renken, Saibling und Zander aus dem Starnberger See, hausgemachte Kuchen.
Große Bierauswahl: Hopf-Weißbier, Tegernseer Hell, Augustiner Edelstoff.
Preislage: günstig.

TIPP
Die hügelige Region zwischen Starnberger See und Loisach ist ein Dorado für etwas sportlichere Radler.

KÜCHE ★★ AMBIENTE ★★★

BERG/EURASBURG

Kirche, Maibaum, Gasthaus. Hier in Berg, zwischen Starnberger See und Loisach, stimmt sie noch, die dörfliche Dreifaltigkeit. Hier kommen die Einheimischen noch zum Schafkopfen, und nach der Kirche geht man am Sonntag erst einmal zum Frühschoppen ins Wirtshaus.

Gäste, die nicht hier wohnen, genießen den Blick ins Grüne den Berg hinunter. Der ist mit 720 Metern tatsächlich die höchste Erhebung im Wolfratshauser Land und trägt seinen Namen daher zu Recht.

In dieser ländlichen Idylle können die Kinder auf der Wiese vor dem Haus noch gefahrlos spielen. Auf der Terrasse und im Salettl oder in den gemütlichen Stuben kann man sich den Schmankerln auf den Tellern widmen.

Das sind vor allem die einfach, aber ordentlich zubereiteten Fischgerichte. Der See ist nah und zwei Fischer liefern auf Anruf ihre fangfrische Ware. Wenn der Fang nicht so gut war, gibt es eben weniger, in den strengen Schonzeiten gar nichts – auch nicht von auswärts.

Das Fleisch auf der täglich neu geschriebenen Speisekarte stammt ebenfalls aus der Region und wird zu soliden Klassikern wie Kalbshaxe, Wiener Schnitzel und Sauerbraten verarbeitet. Den Schweinsbraten gibt es in zwei Varianten: klassisch-bayerisch mit Kartoffelknödel und Salat und als Allgäuer Krautbraten mit Schupfnudeln und Sauerkraut.

Als Nachspeise gibt es neben Apfelkücherln und verschiedenen Eisbechern vor allem die hausgemachten Kuchen von Mutter Fischhaber.

Hans Fischhaber hat das Kochhandwerk in Münsing im angesehenen Gasthaus Limm gelernt. Nach einem Praktikum als Konditor übernahm er mit 22 Jahren das Haus, das seine Eltern gekauft und zusammen mit ihm wieder zu einer Gastwirtschaft gemacht hatten, nachdem es acht Jahre leer stand und dem Verfall preisgegeben war.

Viel Arbeit und Geld investierte die Familie in die gemütlichen Stuben, den kleinen Festsaal und die neun Fremdenzimmer in den oberen Stockwerken.

Bereits um die Jahrhundertwende hatte der Gasthof Berg eine Blütezeit. Die Münchner kamen mit der Isartalbahn und genossen gute Luft und gutes Essen. Eigentlich wie heute auch.

BUCHSCHARNER SEEWIRT

MÜNSING

Buchscharn 1
82541 Münsing
Tel. 0 88 01 / 24 09

ANFAHRT

Auf der Autobahn A 95 München–Garmisch bis Ausfahrt Seeshaupt,
in St. Heinrich rechts abbiegen, nach ca. 2 km links zum Seeufer.

ÖFFNUNGSZEITEN

Täglich von 11 bis 24 Uhr, Küche bis 22 Uhr,
im Sommer ab 9 Uhr.
Nur am 24. Dezember ist geschlossen.

SPEZIALITÄTEN

Fisch aus dem Starnberger See, sauer eingelegte Renke,
hausgemachte Sülzen, Wild, Kaiserschmarrn.
Preislage: mittel.

TIPP

Der Buchscharner Seewirt liegt direkt am Radweg um den Starnberger See.
Ein Badestrand liegt praktisch vor dem Haus.

KÜCHE
★★

AMBIENTE
★★★★

MÜNSING

Es gibt kaum einen schöneren Ort, um an einem lauen Vormittag die Seele baumeln zu lassen, als den Buchscharner Seewirt. Der Blick von der Terrasse über den Starnberger See zum Westufer ist einmalig schön und am Vormittag ist es hier noch ruhig und beschaulich.

Der Blick vom See auf das Haus ist auch nicht zu verachten, denn es ist ein antikes Schmuckstück, auch wenn es hier noch gar nicht so lange steht. Der Bau ist ein so genannter Kleinhäuslerhof aus der Tiroler Wildschönau, der 1988 einem Neubau weichen musste. Das Haus wurde von der Spatenbrauerei erworben und in seine Teile zerlegt. Jeder Balken und jedes Brett wurde nummeriert, ans Ostufer des Starnberger Sees transportiert und Stück für Stück wieder aufgebaut. Das Erdgeschoss, in dem sich die Wirtschaftsräume befinden, ist aus Naturstein gemauert, der erste Stock komplett aus Holz gearbeitet. In den urtümlichen Stuben finden 120 Gäste Platz.

Durch seine ebenso malerische wie einsame Lage ist der Buchscharner Seewirt natürlich eine Ausflugsgaststätte. Ab Mittag kann es hier recht turbulent werden, was die Küche mitunter an die Grenzen ihrer Kapazitäten treibt. Aber die Geduld wird belohnt.

Die Küche bietet frische Fische aus dem See, der Saibling wird beispielsweise in Zitronenbutter gebraten oder im Wurzelsud gegart, die Seerenke wird in Mandelbutter gebraten.

Ein Traumplatz am Seeufer

Als Brotzeiten gibt es neben Presssack, Wurstsalat und Obazdem auch seltenere Schmankerl: Die Sülze von Entenbrust und Tafelspitz wird mit Kernöl, Salat und Bratkartoffeln serviert. Nicht immer steht die sauer eingelegte Renke auf der Karte, eine bayerisch verfeinerte Version des Bratherings, hübsch angerichtet mit Salat, und auch dazu gibt's Bratkartoffeln.

Je nach Saison und Jagdglück der Jäger in den umliegenden Wäldern ist auch immer wieder Wild im Angebot. Das zarte Rehgulasch wird ganz klassisch mit Semmelknödel und Preiselbeeren serviert.

Als Hauptspeise oder süßer Abschluss eignet sich der Kaiserschmarrn ganz hervorragend, denn er wird als große und kleine Portion angeboten. Und hier steht schon auf der Karte vermerkt, dass es »a bisserl« dauert.

HOISL-BRÄU

PENZBERG

Promberg
82377 Penzberg
Tel. 0 88 56 / 25 35

ANFAHRT

Auf der A 95 Richtung Garmisch, Ausfahrt Seeshaupt/Beuerberg nach Beuerberg, von dort 6 km in Richtung Penzberg, in Schwaig rechts nach Promberg abbiegen. Oder mit der S 7 nach Wolfratshausen, dann mit dem Bus in Richtung Penzberg bis zur Abzweigung Schwaig (500 m Fußweg).

ÖFFNUNGSZEITEN

Täglich von 9.30 bis 23 Uhr,
warme Küche von 11.30 bis 14 Uhr und 17.30 bis 21 Uhr.
Montag und Dienstag Ruhetag.

SPEZIALITÄTEN

Hausgemachter schwarzer Presssack, verschiedene Braten.
Preislage: mittel.

TIPP

Ein Verdauungsspaziergang durch die Wiesen zum nördlich gegenübergelegenen Gut Faistenberg.

KÜCHE
★★

AMBIENTE
★★★

PENZBERG

Wem bei dieser Aussicht nicht das Herz aufgeht, dem ist kaum zu helfen. Hier bei schönem Wetter auf der Wiese im Wirtsgarten zu sitzen, vor einem das Alpenpanorama, hinter einem das blitzsaubere Bilderbuchwirtshaus, auf dem Tisch eine ordentliche Brotzeit – so ähnlich muss es im Himmel, Abteilung Bayern, aussehen.

Das Anwesen auf dem Promberg ist erstmals in einem Abgabenbuch des Klosters Benediktbeuern für die Jahre 1279 bis 1294 erwähnt. Promberg war damals eine Schwaige (Viehhof). Auch heute grasen Kühe auf den saftigen Wiesen um den Hügel.

1679 wurde der Hof von einem Matheis (Hoisl) Pronberger übernommen, der Name Hoisl blieb dem Hof. 1829 wurde der Ausschank von Bier genehmigt, seit 1864 ist die Gaststätte als Tafernwirtschaft zugelassen. 1884 wurde dann eine Braunbierbrauerei errichtet, die nach dem Gutsnamen «Hoisl-Bräu» genannt wurde. Bis 1960 wurde auf dem einsamen Hügel vor Penzberg noch Bier gebraut. 1970 heiratete die Tochter des Hauses, und Maria und Fritz Gattinger übernahmen das Gasthaus, das sie 1983 behutsam renovierten.

Maria Gattinger, die das Kochen von ihrer Mutter gelernt hat, steht in der Küche und macht die Braten, unterstützt von einem Koch, der sich um die übrigen Schmankerl kümmert. Die Tochter, die Hotelfachfrau gelernt hat, greift den Eltern unter die Arme. Schließlich will sie einmal das stattliche Gasthaus übernehmen.

Ein Bilderbuch-Haus: der Hoisl-Bräu

GASTHAUS SCHÖNMÜHL

PENZBERG

Schönmühl 1
82377 Penzberg
0 88 56 / 24 98

ANFAHRT

Auf der A 95, Autobahn München–Garmisch, Ausfahrt Penzberg,
in Penzberg Richtung Kochel, 2 km nach Ortsende Penzberg rechts
ab nach Schönmühl (beschildert).
Vom Bahnhof Penzberg sind es etwa 3,5 km zu Fuß.

ÖFFNUNGSZEITEN

Mittwoch und Donnerstag ab 18 Uhr geöffnet,
Freitag ab 11 Uhr, Samstag und Sonntag ab 10 Uhr.
Montag und Dienstag Ruhetag, im Sommer Montag geöffnet.

SPEZIALITÄTEN

Schweinsbraten, Saibling aus dem Sud oder geräuchert,
zur Kirchweih Enten und Gänse.
Preislage: günstig.

TIPP

Das Naturschutzgebiet um Bichl ist ein beliebtes Ziel für Wanderer und Radler.
Auf der Loisach kann man sportliche Kanuten beobachten.

KÜCHE
★★★

AMBIENTE
★★★

PENZBERG

V ersteckt in der Loisach-Schleife, unter altehrwürdigen Bäumen, liegt das kleine Gasthaus Schönmühl. Einladend stehen Tische auf der Terrasse und im schattigen Garten. Doch das denkmalgeschützte Haus hat es buchstäblich auch in sich. Die historische, ebenfalls denkmalgeschützte Stube diente schon als Filmkulisse. Hier, an den dunklen Tischen und den Stühlen mit den geschnitzten Lehnen, neben dem bulligen Kachelofen, wurde die »Hölleisengretl« gedreht, mit Hubert von Goisern in einer Hauptrolle – nur die Zapfanlage musste einem Bierfass weichen.

Brigitte und Reinhold Schiermeier, die Wirtsleute

Die ersten Menschen siedelten hier am Fluss schon um das Jahr 1000, das Anwesen Schönmühl ist erstmals 1480 in den Chroniken erwähnt: als Getreide- und Sägemühle. Holz wird hier immer noch bearbeitet, die Flößerei gibt es nicht mehr. Seit 1729 wird an der Loisachschleife Bier ausgeschenkt.

Seit 1982 betreibt der gebürtige Münchner Reinhold Schiermeier das Schmuckkästchen zusammen mit seiner Frau Brigitte. Der junge Alt-68er gehörte selbst zu der Schwabinger Clique, die hier Ende der Sechziger wüste Feste feierte.

Mit viel Selbstironie blickt er auf diese wilde Zeit zurück, in denen freie Liebe das große Schlagwort und Bier bei weitem nicht die einzige Droge war. Oft bekam er mit Mühe den letzten Zug, der spät nachts nach München zurückfuhr. Wenn nicht, dann eben nicht. »Jetzt bin ich halt sesshaft geworden«, schmunzelt er. Zu seiner Sesshaftigkeit gehört auch seine bodenständige Küche. Er beschränkt sich auf das Machbare und das Wesentliche.

Dazu gehört natürlich der Schweinsbraten, Schiermeiers Klassiker, der das ganze Jahr über mit Begeisterung gegessen wird, sogar im Hochsommer. Doch auch Freunde traditionell zubereiteter Fische kommen auf ihre Kosten. Forellen und Saiblinge gibt's geräuchert oder aus dem Wurzelsud.

In dieser Kulisse wurde die »Hölleisengretl« gedreht

Im Sommer sind die verschiedenen hausgemachten Sülzen besonders beliebt, die ganz klassisch mit Bratkartoffeln und Salat serviert werden. Die gerösteten Knödel mit Salat oder die verschiedenen Brotzeiten von der Kaminwurz zum Obazd'n sind vor allem bei Radlern und Kanuten beliebt, die an diesem lauschigen Plätzchen eine wohltuende Rast einlegen.

Von Kirchweih bis Weihnachten duftet der Gänsebraten aus der Küche, dazu gibt's hausgemachtes Blaukraut und Knödel. Und wenn es dann draußen ganz dunkel und kalt ist, und in der niedrigen Stube der Kachelofen gemütlich bullert, fühlt man sich in der Schönmühl in eine schon längst vergangene Zeit zurückversetzt – besser als in jedem Kino-Film.

OBATZTER

Es gibt genausowenig Einigkeit über die Schreibweise (vielleicht lieber Obazda?) wie über das richtige Rezept für den »angemachten« Käse. Nicht einmal über die Zutaten stimmt man überein. Fest steht nur, dass das, was in Biergärten oft angeboten wird, diesen Namen nicht verdient. Diese »Käsezubereitung« aus dem Kübelchen hat eines meistens überhaupt nicht: Geschmack. Der kommt bei einem ordentlichen Obatzten vom reifen, besser noch überreifen Weichkäse. Da liegt nämlich der Ursprung dieses Brotzeitklassikers. Er war früher eine Resteverwertung: Wenn ein Romadur oder Camembert zu »g'stinkert« geworden war, wurde er mit Butter wieder abgemildert, gewürzt, und fertig war der pikante Brotaufstrich oder die Beilage zur Pellkartoffel.

ZUTATEN FÜR VIER PORTIONEN

40 g Butter
2 reife Camembert-Käse à 250 g
1 kleine Zwiebel
1/2 TL Paprika (edelsüß)
Kümmel nach Belieben,
am besten grob zerstoßen

ZUBEREITUNG

Die Butter cremig rühren, den Käse mit der Gabel zerdrücken, die Butter druntermischen. Mit möglichst fein geschnittener Zwiebel und dem Paprikapulver abschmecken, nach Belieben Kümmel dazugeben, evtl. noch ein wenig salzen. Mit Zwiebelringen garniert auf einem Teller anrichten. Paprikawürfel oder Radieschenscheiben eignen sich ebenfalls als Garnitur.

Dieses Rezept ist nur ein Vorschlag, denn – wie gesagt – ursprünglich war der Obatzte eine Resteverwertung. Statt des Camemberts eignet sich auch ein Romadur oder Limburger. Oder warum nicht einmal einen Brie probieren? Wer's weniger fett mag, nimmt Topfen (Quark) statt der Butter, wer's scharf liebt, würzt mit scharfem Paprika oder sogar ein wenig Cayenne-Pfeffer. Auch ein Versuch mit Blauschimmelkäse wäre denkbar, dann aber lieber mit weißem Pfeffer abschmecken und auf Paprika und Kümmel verzichten.

JÄGERWIRT

KOCHEL AM SEE

Wirtsgasse 7/Ort
82431 Kochel am See
Tel. 0 88 51 / 2 80

ANFAHRT
Auf der Autobahn A 95 Richtung Garmisch, Ausfahrt Sindelsdorf/Bichl, bei Bichl auf die B11 Richtung Kochel, nach ca. 6 km rechts nach Ort abbiegen.
Vom Bahnhof Kochel sind es zu Fuß ca. 30 Minuten Richtung Benediktbeuern.

ÖFFNUNGSZEITEN
Täglich von 9 bis 23 Uhr,
warme Küche von 11.30 bis 14 Uhr und 17.30 bis 20.30 Uhr,
Donnerstag Ruhetag, von Januar bis März auch Mittwoch.

SPEZIALITÄTEN
Rind aus eigener Naturland-Aufzucht, hausgemachte Kuchen.
Preislage: günstig.

TIPP
Um das Loisachmoos herum eignen sich viele kleine Wege bestens zum Radeln, das Gebiet unterhalb der Benediktenwand ist ein Paradies für Bergwanderer.
Auf der Staffelalm kann man den von
Franz Marc gemalten Hirsch bewundern.

KÜCHE
★★

AMBIENTE
★★★

KOCHEL AM SEE

Hier in Ort ist das Wirtshaus noch das Zentrum des dörflichen Lebens. Im Jägerwirt trifft man sich am Sonntag zum Frühschoppen, hier diskutieren und entscheiden die Bauern über ihre Belange. »Einigkeit macht stark«, steht auf dem Schild des 37 Meter hohen Maibaums. Alle drei Jahre wird neben dem Wirtshaus ein neuer aufgestellt, reihum holt ihn ein Orter Bauer aus seinem Wald.

Auch die kleine Kapelle hinter dem Jägerwirt gehört den Orter Bauern, jeden Tag läutet die Glocke am Abend zum Gebet.

Leonhard Öttl, der Wirt, hat auch noch seine Landwirtschaft zu versorgen, neben Rindern hält er Schafe. Der Lammbraten gehört zu seinen Spezialitäten. Seine Speisekarte hält der gelernte Koch ganz bewusst klein und schreibt sie jeden Tag neu. Das schätzen die Stammgäste, die auf der Terrasse oder in der behutsam renovierten Stube die Brotzeiten oder verschiedene Braten genießen. Und bei aller Ruhe in dem beschaulichen Dorf kann es am Sonntagmittag ganz schön heiß hergehen.

Den Jägerwirt gibt es seit der Jahrhundertwende. Zunächst verköstigte er die Arbeiter, die die Bahnlinie Tutzing–Kochel bauten. Dann kamen die Sommerfrischler aus München. »Heute fliegen die pauschal für ein paar hundert Mark nach Mallorca oder sonst wohin, da können wir nicht mithalten«, sinniert Leonhard Öttl. Was die Preise angeht, mag er da recht haben, aber der Blick über sattes Grün in die Berge, und auf dem Tisch ein kühles Bier, das ist einfach unbezahlbar.

Nicht mitten im Dorf, aber doch das Zentrum des dörflichen Lebens: der Jägerwirt in Ort bei Kochel

BERGGASTHOF PFEIFFER ALM

GARMISCH-PARTENKIRCHEN

Schlattan 8
82467 Garmisch-Partenkirchen
Tel. 0 88 21 / 27 20

ANFAHRT
In Garmisch-Partenkirchen auf der B 2 Richtung Mittenwald,
3 km nach dem Ortsende von Partenkirchen links nach Schlattan abbiegen.
Von der Kirche in der Partenkirchner Ortsmitte geht man gemütlich
in einer Stunde durchs Hasental zur Pfeiffer Alm.

ÖFFNUNGSZEITEN
Täglich von 9 bis 19 Uhr.
Warme Küche von 11.30 bis 14.30 Uhr.
Dienstag Ruhetag.

SPEZIALITÄTEN
Bayerische Brotzeiten, hausgemachte Kuchen
und der berühmte Apfelstrudel.

TIPP
Von der Pfeiffer Alm starten leichte Wanderungen, aber
auch anspruchsvolle Bergtouren ins Estergebirge hinter dem Wank.

KÜCHE ★

AMBIENTE ★★★

GARMISCH-PARTENKIRCHEN

Am Fuße des Wank, gleich hinter Partenkirchen, liegt die Pfeiffer Alm. Gegenüber erhebt sich über dem Kircherl von Wamberg die Ehrfurcht gebietende Wettersteinwand. Der Blick reicht von der Dreitorspitze über den Schachen, wo König Ludwig II. sein Jagdschloss mit Pfauenthron erbauen ließ, bis hin zur Alpspitze, zur Zugspitze und den Waxensteinen.

»Das zweite Meran« wird das Fleckchen Erde um die Pfeiffer Alm auch genannt wegen der vielen Fremden, aber vor allem, weil es von der Sonne so verwöhnt ist. Wenn im April die Langläufer im schattigen Tal noch eine Loipe finden, hält hier auf dem Südhang schon der Frühling Einzug.

Obwohl das Werdenfelser Land eine Fremdenverkehrsregion ist, finden auch die Einheimischen, besonders die Partenkirchener, immer wieder den Weg hier herauf.

Da sitzen sie dann alle auf der sonnigen Terrasse oder in der gemütlichen Stube am Stammtisch, der Senior-Chef Franz Pfeiffer beim Kartenspiel mit seinen Freunden, auf dem Kopf sein Feierabendkappi. Die Kinder haben draußen einen großen Spielplatz, und die Wiesen ums Haus kein gefährliches Gefälle.

Vor zwei Jahren haben Franz Pfeiffer und seine Frau Josefa den Gasthof an ihren Sohn Georg übergeben. Der gelernte Koch führt ihn jetzt mit seiner Frau Rita, die aus dem Pfaffenwinkel stammt und ebenfalls in Garmisch gearbeitet hat. »Dort sind wir uns dann halt mal über den Weg gelaufen«, lacht sie.

Auf der Karte stehen bayerische Brotzeiten, mittags gibt's drei warme Gerichte, die immer wieder wechseln: Schweinsbraten, Gulasch oder Kalbsrahmbraten. Und gegen Mittag ist meistens auch die begehrteste Spezialität des Hauses fertig: Der hausgemachte Apfelstrudel von Mama Pfeiffer, die ihn nach über Generationen weitergegebenem Rezept backt. Diese süß duftende Verführung lieben alle, ganz egal ob sie aus Partenkirchen oder Paderborn kommen.

Hier ist Heumachen noch Handarbeit

EINKEHR AM ÄHNDL

MURNAU

Ramsach 2
82418 Murnau
Tel. 0 88 41 / 52 41

ANFAHRT

Auf der Autobahn A 95 Richtung Garmisch, Ausfahrt Murnau,
auf der B 2 durch Murnau, am Ortsende rechts abbiegen und
den Schildern »Ramsach/Ähndl« folgen.

ÖFFNUNGSZEITEN

Täglich von 10 bis 22 Uhr,
warme Küche von 11.30 durchgehend bis 20.30 Uhr, im Winter bis 19.30 Uhr.
Donnerstag Ruhetag.

SPEZIALITÄTEN

Hausgemachte Würste und Sülzen.
Preislage: günstig bis mittel.

TIPP

Kunstfreunde sollten einen Besuch im Münter-Haus einplanen, das
als Museum der Öffentlichkeit zugänglich ist. Die Originaleinrichtung stammt
aus den Jahren 1908 bis 1914, als die Maler Gabriele Münter und ihr
Lebensgefährte Wassily Kandinsky das Haus bewohnten.
Besichtigung täglich von 14 bis 17 Uhr, Montag geschlossen.

KÜCHE
★★

AMBIENTE
★★★

MURNAU

Seit weit über 1000 Jahren ist dieser kleine Hügel am Rande des Murnauer Moos ein Anziehungspunkt. Schon um 750 herum wurde hier ein Kirchlein gebaut, der heilige Bonifatius war es vermutlich, der es dem heiligen Georg geweiht hat. Und der heutige Altar soll bereits in vorchristlicher Zeit als Opferstein für blutige Riten gedient haben.

1740 bekam das Ähndl seine heutige Form, 1744 wurde es zur Filialkirche der Pfarrei Murnau und blieb es bis heute. Regelmäßig werden hier Taufen und Hochzeiten gefeiert.

Der Schlüssel zum Kircherl wird von den Wirtsleuten im wenig unterhalb gelegenen Gasthaus verwahrt. Dies hat eine kleine gemütliche Stube, aber noch viel schöner sitzt man im Sommer unter Linden und einer riesigen Kastanie. Das Auge schweift über das Moor zu den Bergen hinüber, und die Zeit bleibt ein wenig stehen.

Die Wirtsfamilie Schägger betreibt das kleine Anwesen als echten Familienbetrieb. Würste, wie die beliebte Leberwurst, oder der Presssack werden vom Vater, einem Metzgermeister, im Haus gemacht; gekocht wird bodenständige Hausmannskost.

Am Ähndl gibt's auch Süßes zum Kuchen

Die kleine Speisekarte wird jeden Tag neu geschrieben, die Bandbreite reicht vom saftigen Tellerfleisch bis zu Kässpatzen. Viel Wert wird auf Frische gelegt, dafür gibt es halt nicht so viel Auswahl.

Richtig lebhaft geht es an schönen Sommer- und Herbsttagen zu, wenn Wanderer, Radler und Ausflügler aus Murnau kommen und den malerischen Platz für eine willkommene Rast nutzen. Doch am schönsten ist es vor Weihnachten in der staaden Zeit, die hier draußen ihren Namen noch wirklich verdient. Ganz ruhig liegt dann das Moor zu Füßen des Kirchenhügels und es ist wie im Bilderbuch, wenn nur die Silhouetten von ein paar verschneiten Bäumen aus der kalten, klaren Nacht herausleuchten.

FORSTHAUS HÖHLMÜHLE

MURNAU/RIEGSEE

82418 Murnau/Riegsee
Tel. 0 88 41 / 96 20

ANFAHRT
Auf der Autobahn A 95 Richtung Garmisch, Ausfahrt Sindelsdorf, dann weiter auf der B 472 Richtung Peißenberg, nach ca. 3 km rechts nach Habach abbiegen und am Ortsanfang durch die Unterführung unter der Bundesstraße 2 km nach Höhlmühle fahren.

ÖFFNUNGSZEITEN
Täglich ab 10 Uhr,
durchgehend warme Küche.

SPEZIALITÄTEN
Wild, Spanferkel, gefüllte Kalbsbrust, in der Saison Renken.
Preislage: mittel.

TIPP
Das Gebiet um die Höhlmühle ist ein Paradies für Wanderer,
die es etwas gemütlicher mögen.
Der Riegsee (6 km) ist einer der malerischsten Seen in Oberbayern.

KÜCHE ★★★   AMBIENTE ★★★

Tief im Wald, östlich von Murnau, liegt eines der schönsten Gasthäuser im Voralpenland. Das Forsthaus Höhlmühle liegt nicht nur einmalig idyllisch, auch die holzvertäfelten Stuben, eine mit Kachelofen, die andere mit offenem Kamin, der im Winter eingeschürt wird, suchen ihresgleichen. Die historischen Möbel sind alle erhalten, die elektrischen Lampen passen sich dem altbayerischen Ambiente unauffällig an.

Im Wirtsgarten sitzt man unter einer großen Kastanie, und vor einem Regenschauer kann man gleich in den daneben liegenden Stadel flüchten, in dem einige Tische stehen.

500 Meter nördlich vom heutigen Standort befand sich seit dem 16. Jahrhundert eine Ölmühle, die von dem kleinen Bach angetrieben wurde, der durch das schattige Tal fließt. Der Name Höhlmühle kommt vom Öl, nicht von einer Höhle, und von Hölle schon gar nicht. 1850 gewann der damalige Besitzer in der Lotterie und baute am heutigen Platz die »Hölmühle«, in der Mehl gemahlen, Holz geschnitten und Bier ausgeschenkt wurde. Baron Ottmar von Poschinger-Camphausen kaufte die Mühle 1910 und baute sie zur Gaststätte um. Der Konzessionsantrag von 1911 war das erste mit Schreibmaschine geschriebene Schriftstück, das im Landratsamt Weilheim einging.

Der Eingang zum Forsthaus

Seitdem wird das Forsthaus als Gasthaus geführt und hat sich nicht viel verändert. Als die heutigen Wirte 1978 das Gasthaus übernahmen, war noch nicht einmal die Straße geteert.

Der gelernte Küchenmeister Willi Steinmetz hat, neben eher internationalen Standards, auch etliche bayerische Schmankerl auf seiner Karte. Vor allem natürlich Wild aus der Gegend, Spanferkel, Entenbraten, gefüllte Kalbsbrust und kräftige Brotzeiten.

Waschechte Bayern sind sie nicht gerade: Ilse Steinmetz stammt aus dem Odenwald, ihr Mann Willi wuchs noch weiter nördlich in Detmold auf. Nach über einem Vierteljahrhundert südlich der Donau und 21 Jahren in der Höhlmühle ist es aber an der Zeit, sie ehrenhalber zu Bayern zu machen. Nicht weil Ilse ihr schlichtes Dirndl so gut steht, sondern weil sie ein bayerisches Kleinod hüten und pflegen.

ALTE KLOSTERWIRTSCHAFT

POLLING

Weilheimer Straße 12
82398 Polling
08 81/48 51

ANFAHRT
Auf der B 2 oder über die Autobahn A 95 (Ausfahrt Seeshaupt/Weilheim),
nach Weilheim, von dort 2,5 km Richtung Peißenberg, dann links nach
Polling abbiegen. Vom Bahnhof Weilheim wandert man gemütlich
in einer knappen Stunde nach Polling.

ÖFFNUNGSZEITEN
Täglich von 10 bis 1 Uhr,
warme Küche von 11.30 bis 21 Uhr.
Montag Ruhetag.
Bei schönem Wetter ist der Biergarten
auch montags ab 16 Uhr geöffnet.

SPEZIALITÄTEN
Heimisches Wild, gebratene Brezenknödel mit Senfsoße.
Preislage: günstig bis mittel.

TIPP
Der Pfaffenwinkel ist ein Dorado für Wanderer und Radler. Durch Polling führen der
Prälaten- und der König-Ludwig-Wanderweg.

KÜCHE ★★   AMBIENTE ★★★

POLLING

Mitten im Pfaffenwinkel liegt das kleine Polling. Groß und mächtig stehen das Kloster und die Stiftskirche mitten im Ort. Gleich gegenüber liegt die Alte Klosterwirtschaft, die den Zusatz »alt« wirklich zu Recht trägt: 500 Jahre hat sie auf dem Buckel, wie die Aufzeichnungen des Klosters belegen.

Der Zahn der Zeit hat auch an diesem altehrwürdigen Haus genagt. Dennoch war es weniger der Verschleiß, der dem historischen Bau zusetzte, als die Bausünden der siebziger Jahre. Doch der Wirtsfamilie Fisch, die die Klosterwirtschaft seit zehn Jahren betreibt, ist das Kunststück gelungen: Das Resopalzeitalter ist getilgt, es herrschen wieder dunkles Holz und alte Möbel vor, der Kachelofen in der Stube war Gott sei Dank nie verschwunden.

Und noch ein Kunststück gelang: Die Wirtsfamilie hat den Charakter einer Dorfwirtschaft erhalten, obwohl immer mehr Gäste zum Essen als zum Trinken kommen – schon mittags kann es passieren, dass man in der gemütlichen Stube keinen Platz mehr bekommt. Bei gutem Wetter sitzt man noch mal schöner unter den Kastanien im Biergarten.

Wie gemalt: der Blick auf die Pollinger Kirche

Bernhard Fisch hat die Wirtschaft von seinen Eltern 1999 übernommen. Nach der Hotelfachschule stieg er 1988 in den elterlichen Betrieb ein, »und die Lehrzeit ging erst richtig los«, erinnert sich der 36-Jährige.

Die Küche bietet solide Klassiker wie Schweinsbraten, gegrillte Haxn oder gekochte Ochsenbrust. Im Sommer gibt's hausgemachte Sülzen. Viel Wert wird auf heimisches Wild gelegt, das sogar zu Bratwürsten verarbeitet wird. Besonders originell sind die gebratenen Brezn-Weißwurst-Knödel mit Hausmachersenf-Soße. »Die entstanden aus der Not heraus«, schmunzelt Bernhard Fisch: »Wir hatten nach einer Feier unheimlich viele Weißwürste und Brezn übrig, und der Koch meinte, jetzt probier ich mal was aus. Die gebratenen Knödel sind inzwischen unser größter Renner.«

GASTHAUS STEIDL

BAUERBACH

Dorfstraße 5
82407 Bauerbach
Tel. 0 81 58 / 12 59

ANFAHRT

Auf der B 2 Richtung Weilheim, 1,5 km hinter der Abzweigung
Pähl/Dießen links Richtung Diemendorf/Tutzing abbiegen,
in Diemendorf rechts Richtung Haunshofen, dann sind es noch 3 km.
Zu Fuß vom Bahnhof Bernried über den Gallafilz (ca. 6 km), mit dem Fahrrad
von Tutzing (S 6) über Kampberg (ca. 8 km) oder von Weilheim (8,5 km).

ÖFFNUNGSZEITEN

Dienstag bis Freitag 10 bis 22 Uhr, Donnerstag ab 16 Uhr,
durchgehend warme Küche.
Montag Ruhetag.

SPEZIALITÄTEN

Der Presssack vom Onkel, der Metzger ist,
ab 14 Uhr gibt's ofenfrischen Leberkäs,
am Wochenende hausgemachte Kuchen.
Preislage: sehr günstig.

TIPP

Das Umland ist ein Dorado für Radler.

KÜCHE ★

AMBIENTE ★★

Für diesen Leberkäs fahren oder laufen die Gäste meilenweit. Ofenfrisch kommt eine riesige duftende Scheibe mit süßem Senf auf den Teller. Und auch die anderen Brotzeiten im Steidl können sich sehen lassen: hausgemachte Leberwurst, schwarzer und weißer Presssack, auf Wunsch mit Zwiebeln und Essig, angemachter Romadur, dazu das kräftige Hausbrot.

Reichhaltige Brotzeiten können Wanderer und Radler gut vertragen, wenn sie den Weg durch die malerisch-hügelige Landschaft zwischen Starnberger See und Pfaffenwinkel hinter sich gebracht haben. Hier ist noch Bauernland und die Wirtschaft direkt gegenüber der Kirche.

Verglichen mit der großen Auswahl an Brotzeiten scheint die täglich neue Speisekarte ziemlich klein: eine Suppe, vier warme Gerichte. Doch das ist das Erfolgsrezept des so kleinen wie einfachen Gasthauses: Nur so können Georg Steidl und seine Frau Claudia die von ihren Gästen so geschätzte Qualität auf die altmodischen Teller bringen.

Claudia Steidl kocht wie unsere Großmütter: kräftige Suppe mit großen, lockeren Grießnockerln, Braten aus dem Rohr, Rindfleisch aus dem Topf, dazu Kraut und große Knödel, die einem beim Anschauen schon das Wasser im Mund zusammenlaufen lassen.

Georg Steidl, der sich in der einfachen Stube und an den Bänken vor dem hübschen Haus um die Gäste kümmert, ist erst im zweiten beruflichen Anlauf Wirt geworden. Eher zufällig bekam der 33-Jährige als drittes Kind das Wirtshaus, das seit fünf Generationen in Familienbesitz ist. Nachdem sein ältester Bruder die Landwirtschaft übernommen und seine Schwester in einen großen Hof eingeheiratet hatte, war der gelernte Landmaschinenmechaniker am Zug. Seine Frau gab ihren Job in der Bank auf und stellte sich an den Herd, wo sie eine althergebrachte Küche im allerbesten Sinne praktiziert. Das merkt man bei fast vergessenen Gerichten wie dem gebackenen Karpfen und besonders an ihren Kuchen, die sie am Wochenende bäckt: Bei dem süßen Duft werden Kindheitserinnerungen geweckt.

FORSTHAUS ILKAHÖHE

TUTZING-UNTERZEISMERING

82327 Tutzing-Unterzeismering
Tel. 0 81 58 / 82 42

ANFAHRT

Auf der Autobahn A 95 bis Starnberg, von dort nach Tutzing,
am Ortsende Richtung Weilheim, nach ca. 1 km rechts zur Ilkahöhe abbiegen.
Von der S-Bahn-Station Tutzing ist es eine kleine Wanderung von 30 Minuten.

ÖFFNUNGSZEITEN

Mittwoch bis Sonntag von 12 bis 23.30 Uhr,
Küche von 12 bis 14 Uhr und 18 bis 21.30 Uhr.
Biergarten bei schönem Wetter täglich geöffnet.

SPEZIALITÄTEN

Spanferkelsülze, Spanferkelrücken mit Soße von geräuchertem Saibling,
Wild aus der hauseigenen Jagd.
Preislage: gehoben.

TIPP

Die benachbarte Barockkapelle St. Nikolaus kann besichtigt werden.
Den Schlüssel hat die Wirtin im Forsthaus.

KÜCHE
★★★

AMBIENTE
★★★★

TUTZING-UNTERZEISMERING

Dieser Blick über den Starnberger See ist einmalig. Blau liegt er zu Füßen des bewaldeten Hügels, weit bis in die Chiemgauer und Allgäuer Alpen schweift das Auge. Die Ilkahöhe ist einer der schönsten Flecken Erde in Oberbayern. Und im Forsthaus Ilkahöhe kann man den Genuss für die Augen mit dem für den Gaumen angenehm miteinander verbinden.

Traumhaft sitzt man im Sommer auf dem Balkon, wenn's kühler wird, zieht man in die nostalgischen Stuben, in denen Clarissa Hiddemann Regie führt. Vor 16 Jahren hat sie zusammen mit ihrem Mann

Traumlage über dem Starnberger See: das Forsthaus Ilkahöhe

Rüdiger aus der Ausflugsgaststätte eine Feinschmeckeradresse gemacht. Auch nach dem tragischen Tod ihres Mannes behielt sie dieses Konzept bei.

Mit ihrem Chefkoch Stephen Disch hat sie zwar keinen echten Bayern am Herd. Aber der gebürtige Freiburger, der schon in den Münchner Sterne-Restaurants Königshof und Tantris gearbeitet hat, pflegt die gehobene regionale Küche mit Herz und Verstand. Unter den Vorspeisen auf seiner Karte steht neben feinen Suppen und Salaten ein »Vitello tonnato Ilkahöhe«. Anders als beim italienischen Vorbild stammt das zarte Fleisch nicht vom Kalb, sondern vom gebratenen Spanferkelrücken, und die Soße wird nicht aus Thunfisch, sondern geräucherter Starnberger-See-Renke zubereitet. Über den

Namen des Gerichts könnte man heftig streiten, über seine Originalität und die Qualität schon weit weniger.

Die Reh-Pflanzerl werden mit Apfel-Sellerie-Salat und frischen Preiselbeeren serviert, das Fleisch stammt aus der hauseigenen Jagd von Otto Frey, dem Eigentümer des Anwesens, der auch selbst auf die Pirsch geht. Bei entsprechendem Jagdglück gibt es dann auch den Klassiker des Hauses: Rehnüsschen und Ragout mit frischen Schwammerln, Preiselbeeren und Semmelknödel. Rosa-saftig sind die Nüsschen, zart geschmort das Ragout.

Gediegene Atmosphäre in der oberen Stube

Fische aus dem Starnberger See kommen auch als »Bouillabaisse« auf den Tisch, kräftig gewürzt und mit Tomaten in der Brühe. Der See-Saibling wird im Wurzelsud gegart. Im Frühsommer steht auch bei den Desserts eine regionale Leckerei ganz oben: Hollerkücherl auf Rumsahne. Ganz frisch gebacken, knusprig und duftig kommen sie, ganz leicht mit Puderzucker überstäubt, auf den Teller. Der Holunder hat auch beim Aperitif seinen Auftritt, wahlweise werden mit Hollersekt Prosecco und auf besonderen Wunsch auch ein kleines Glas Weißbier verfeinert.

Auch Weinnasen können hier so manchen Fund machen. Die Auswahl an deutschen und österreichischen Weinen ist mehr als beachtlich. Und wer die Weine von Italiens Kult-Winzer Angelo Gaja sucht und bezahlen kann: hier kosten sie weniger als auf den meisten Weinkarten und die Auswahl der verfügbaren Jahrgänge ist viel größer als anderswo.

Wer nicht so tief ins Portemonnaie greifen möchte, sollte sich auch bei Rotweinen an die Angebote von weniger bekannten, aber immer gut gewählten Produzenten aus allen wichtigen Anbaugebieten Europas halten. Immer wird auch eine Auswahl von gehobenen Weinen glasweise angeboten – aber nicht etwa Tropfen, von denen man als Gast manchmal den Eindruck hat, die müssen »offen weg«, sondern solche, die wirklich zum Menü passen.

Deutlich einfacher und niedriger im Preis kann man Ilkahöhen-Luft im Biergarten mit Selbstbedienung schnuppern. Hier gibt es Brotzeiten, Salate und es wird gegrillt. In der herrlichen Umgebung schmeckt auch eine einfache Brotzeit mit Bier noch viel besser.

Das Alpenvorland liegt dem Betrachter zu Füßen

DER OBERE WIRT ZUM QUERI

ANDECHS-FRIEDING

Georg-Queri-Ring 9
82346 Andechs-Frieding
Tel. 0 81 52 / 9 18 30

ANFAHRT
Auf der Autobahn A 96 München–Lindau bis Ausfahrt Weßling,
dort Richtung Herrsching, nach 9 km in Seefeld links Richtung Drößling/Starnberg,
in Drößling rechts nach Frieding.

ÖFFNUNGSZEITEN
Geöffnet von 9 bis 1 Uhr, Küche von 11.30 bis 14 Uhr und 18 bis 21.30 Uhr.
Montag erst ab 16 Uhr.
Nachmittags Kaffee und Brotzeiten.

SPEZIALITÄTEN
Fleisch vom Angusrind aus eigener Zucht, hausgemachte Sülzen,
hausgemachte Desserts wie Ofenschlupfer; Andechser Biere.
Preislage: mittel.

TIPP
Wer den lebhaften bayerischen Bier-Barock sucht:
Auf den »Heiligen Berg« zum Kloster Andechs geht man eine Dreiviertelstunde.

KÜCHE ★★★   AMBIENTE ★★★

ANDECHS-FRIEDING

Eine Steintafel in der Giebelmauer bezeugt: In diesem Haus kam 1879 der Volksdichter Georg Queri zur Welt. Damals war das Wirtshaus seiner Eltern noch der Mittelpunkt des Dorflebens. »Wo Queri war, saß Altbayern mit seinem breiten Lachen und seinem schlagfertigen Witz«, schrieb Ludwig Thoma über seinen Kollegen. Und Georg Queri saß oft in der Friedinger Gaststube. Sein Geist blieb auch an diesem Ort, später wurde sogar eine »Georg Queri Theaterbühne« gegründet.

Bis die Traditionen einschliefen und Anfang der neunziger Jahre das Haus fast dem Verfall preisgegeben war. Beinahe hätte den Oberen Wirt dasselbe Schicksal ereilt wie so viele Dorfgasthäuser. Aber die Drößlinger Familie Bauer erwarb das Haus, und 1997 nahm Ludwig »Wigg« Jehle, Hoteliersohn aus Altötting, die Sache in die Hand.

»Historische Bausubstanz mit neuem Leben erfüllen«, war sein Wahlspruch für die Renovierung. Aufwändig, aber mit Gespür für das Historische wurde das Haus ausgebaut, neben den vielen Stuben gibt es jetzt auch Hotelzimmer mit modernem Komfort.

Und wie das Leben wieder Einzug gehalten hat! Kaum ein Wochenende ohne Hochzeit im großen Saal, regelmäßig treffen sich die Dorfschreiber zu Dichterlesungen, der Biergarten mit seinem Salettl ist beliebter Treff für Radler und Wanderer.

Auch in der Küche hat der gelernte Koch Jehle moderne Akzente gesetzt. Die Spezialität des Hauses ist Fleisch vom Angusrind aus der eigenen Zucht im nahe gelegenen Drößling. Sehr fein ist die Tafelspitzsülze mit Kräutervinaigrette, Röstkartoffeln und Salat, gehaltvoll die Festtagssuppe mit Grieß- und Kalbsbratnockerln, Rindfleisch und Leberspätzle; herzhaft das Gulasch vom Angusrind. Hausgemacht ist auch die Bratensülze, aus Schweinsfüßen gekocht.

Modernisierte Klassiker sind auch die Nachspeisen: Die Andechser Weißbiercreme ist eine Variante der bekannten Bayerisch Creme, der »Ofenschlupfer« ist eine Art Scheiterhaufen, der mit Äpfeln, Rosinen und Milch im Ofen gebacken wird. Und der »besoffene Benediktiner« ist mit Wein und Weinbrand getränkter Sandkuchen, der mit einer Kutte aus warmer Schokoladensauce überzogen wird.

Eine schwarze Kutte trägt auch Pater Anselm. Der nimmt Jehle den Scherz nicht krumm. Im Gegenteil, der Prior von Kloster Andechs sitzt immer wieder mal an dem extra für ihn reservierten Platz in der Gaststube.

GASTHAUS GEORG LUDWIG

MAISING/PÖCKING

Ortsstraße 16
82343 Maising/Pöcking
Tel. 0 81 51 / 34 45

ANFAHRT
Auf der B 2 von Starnberg Richtung Weilheim, ca. 2 km nach dem Ortsende rechts Richtung Andechs/Herrsching abbiegen, nach 400 m wieder links Richtung Maising. Wanderer kommen vom S-Bahnhof Starnberg (S 6) über Söcking durch die Maisinger Schlucht (ca. 5 km) oder vom S-Bahnhof Possenhofen.

ÖFFNUNGSZEITEN
Täglich 11 bis 24 Uhr, Mittwoch ab 17 Uhr,
warme Küche von 12 bis 14 Uhr und 18 bis 21 Uhr.
Samstag, Sonntag und Feiertag durchgehend.
Dienstag Ruhetag.

SPEZIALITÄTEN
Der Schweinsbraten wird mittags und abends frisch gemacht, hausgemachte Strudel. Einmal im Monat Hoagartn-Musi.
Preislage: günstig.

TIPP
Eine Wanderung durch die Maisinger Schlucht und zum Moorsee, einem wichtigen Vogelreservat (Naturschutzgebiet).

KÜCHE	AMBIENTE
★★	★★★

MAISING/PÖCKING

Eigentlich war das Bilderbuchhaus schon zum Tode verurteilt, der Abriss beschlossene Sache. Da gaben sich die Eigentümer einen Ruck und boten das Gasthaus Georg Ludwig in einem letzten Versuch per Kleinanzeige zur Pacht an. Uschi Heeg, die heutige Wirtin, rief an, eigentlich als Spionin im Auftrag einer Freundin. Doch als sie das Haus mitten im kleinen Ort Maising gesehen hatte, war es um sie geschehen: »So ein altes Wirtshaus, das war immer mein Traum.«

Und mit viel Arbeit wurde der Traum Wirklichkeit: Die Verpächter, Nachfahren des namengebenden Georg Ludwig, sorgten für die

Im Bauerngarten neben dem Haus sitzt man unter Obstbäumen

Renovierung der Fassade, Uschi Heeg kümmerte sich um die Stube. Ein Restaurator leistete in dem niedrigen Raum meisterliche Arbeit. Die Holzvertäfelung ist nach alten Vorlagen neu gestaltet worden. Die Möbel hat die Wirtin selbst zusammengesammelt.

Der Bauerngarten unter den alten Obstbäumen blieb unverändert, bis auf einen tollen Spielplatz für die Kleinen und eine kleine Holzbude für die Gartenküche. »Es war gar nicht so einfach, eine Genehmigung für den Garten zu bekommen«, erzählt Heeg. Eigentlich muss ein Wirtsgarten aus Hygienegründen wenigstens mit Kies aufgeschüttet sein, doch machten die Behörden bei dem historischen Anwesen eine Ausnahme und das Gras unter den Birn- und Apfelbäumen durfte bleiben.

Die historische überdachte Kegelbahn ist noch betriebsbereit, eine der letzten ihrer Art in Bayern. Sie wird regelmäßig von Firmen und anderen Gruppen genutzt. Gerade am Wochenende kommen viele Ausflügler vorbei, die am nahe gelegenen Maisinger See Ruhe und Erholung suchen. Der Moorsee und seine Umgebung sind Naturschutzgebiet, hier kann man seltene Vogelarten beobachten. Die Wanderung von Starnberg durch die Maisinger Schlucht ist ein Münchner Ausflugs-Klassiker, der sich besonders im Sommer anbietet, wenn es in der waldig-schattigen Schlucht angenehm kühl ist.

Bizarre Naturmotive: Wirtin Uschi Heeg mit einem ihrer Bilder

Das Kochen hat Uschi Heeg von ihrer Großmutter gelernt, einer berühmten Köchin im Allgäu, die reihenweise große Feste ausrichtete. Doch der Lebensweg der gebürtigen Kemptenerin nahm zunächst Wege abseits der Gastronomie: Sie leitete längere Zeit in Franken als Directrice mit ihrem damaligen Mann ein großes Textil-Unternehmen mit 128 Angestellten. Nach der Trennung zog es sie dann nach Oberbayern, wo sie bis zum Jahr 1996 in Inning am Ammersee die Weinschänke führte.

»Maising war für mich dann wie ein Sechser im Lotto.« Nun kocht Uschi hier Hausmannskost, wie sie es von der Oma gelernt hat. Aus dem Rohr kommen leckere Strudel in allen Varianten. Mit Spinat oder anderem Gemüse gefüllt, kommen sie solo als Hauptgericht auf den Teller, oder sie werden als Beilage zu gebratenem Lachs mit Sahne-Sauce gereicht. Die süßen Varianten sind mit Topfen, Äpfeln oder Marillen gefüllt.

Uschi Heegs beliebtestes Gericht ist und bleibt der Schweinsbraten. Zweimal am Tag wird er frisch gemacht. Drei Stunden bleibt das Fleisch bei niedriger Temperatur im Ofen. So entstehen die Kruste und die Soße, für die die Gäste die Wirtin bis weit über den Landkreis hinaus preisen. Auch das naturtrübe Bier aus der Brauerei Maisach, das in Steinkrügen serviert wird, ist für viele eine kleine Reise wert.

Von weit her kommen mitunter die Musiker, die sich hier einmal im Monat zum Hoagartn treffen. Zunächst war es ein lockeres Treffen, jetzt wurde daraus eine echte Volksmusik-Institution. Selbst Uschi Heeg ist in ihrer Freizeit künstlerisch aktiv: Sie greift zum Pinsel und malt bizarre Naturmotive. Sinnierend schaut sie dann auf die Leinwand: »Meine Gäste sind zufrieden, ich bin zufrieden, was will ich mehr.«

LANDGASTHOF MÜHLFELD-BRÄU

HERRSCHING

Mühlfeld 13
82211 Herrsching
Tel. 0 81 52 / 55 78

ANFAHRT

Auf der Autobahn A 96 München–Lindau, Ausfahrt Weßling, von dort der Wegweisung nach Herrsching folgen, durch den Ort hindurch, ca. 500 m nach dem Ortschild rechts abbiegen Richtung Mühlfeld. Bahn-Fahrer gehen ca. 30 Minuten am See entlang zum südlichen Ortsende.

ÖFFNUNGSZEITEN

Täglich 10 bis 24 Uhr, warme Küche bis 23 Uhr.

SPEZIALITÄTEN

Helles und Weißbier aus der Hausbrauerei, es wird auch in der Bügelflasche außer Haus verkauft; Weißwurst vom Zander, gebratene Ente, Braumeister-Gulasch. Preislage: günstig bis mittel.

TIPP

Der Ammersee bietet viele Freizeitmöglichkeiten, zum Beispiel eine Fahrt mit dem historischen Schaufelraddampfer »Dießen«. Unweit vom Mühlfeld-Bräu gibt es einen kleinen Badestrand.

KÜCHE ★★   AMBIENTE ★★★

Ein kleiner, 250 Jahre alter Heustadel war der Grundstock dieses stattlichen Landgasthofes, der vor rund zehn Jahren hier am Ammersee entstand. Das Herzstück sind heute die glänzenden kupfernen Sudkessel, ein Blickfang, um den das große Gasthaus fast herumgebaut scheint.

Aus der Hausbrauerei kommt die Hauptattraktion: das von Braumeister Walter Finkbeiner gebraute, unfiltrierte Bier. Das Wasser dazu stammt aus einer Andechser Quelle. Mit diesem Segen von oben werden ein sehr süffiges und mildes Weißbier und ein frisches feinherbes

Eine Augenweide: die glänzenden Sudkessel

Helles gebraut, die beide sehr günstig angeboten werden. Jeden Mittwoch gibt es um 19 Uhr eine kostenlose Brauereiführung bei der von den Ursprüngen des »Gärungsgetränkes auf Getreidebasis« bei den Sumerern bis zur Sudtechnik der heutigen Zeit alles Wichtige rund um den Gerstensaft erläutert wird und anschließend beide Biersorten verkostet werden.

Das Weitere als »Drumherum« zu bezeichnen, wäre ein ungerechte Abwertung, denn das Mühlfeld-Bräu hat noch viel mehr zu bieten. Die ebenerdigen und dadurch für Kinderwagen wie Rollstuhlfahrer gleichermaßen geeigneten Stuben sind, vor allem für einen »Neubau«, ungemein geschmackvoll eingerichtet, rustikal, aber nicht zu dick aufgetragen. Noch schöner sitzt man aber vor dem Haus auf der Terrasse unter jungen Kastanien mit Blick ins Grüne und vor allem mit Blick auf einen Spielplatz, der selbst besonders verwöhnte Großstadt-Kids begeistert.

Die Kleinen wissen gar nicht, wo sie zuerst draufklettern sollen. Aufs Piratenschiff, auf den Traktor oder doch lieber aufs Karussell? Und damit noch nicht genug: Ein Kleintiergehege und ein Teich mit Mühlrad runden das Kindervergnügen perfekt ab, die Kleinen können sich hier Stunden beschäftigen. Und wenn es am Abend dunkel wird, kann man mit ganz viel Glück beobachten, wie ein Fuchs vor-

Ein Pirat wacht über das große Spiel-Schiff am Kinderspielplatz

beikommt und den Hasen auf seine Art »Gute Nacht« sagen will. Die sind aber schneller als der Meister Reineke und kommen mit heiler Haut davon.

Während die Kinder mit dem sensationellen Spielplatz beschäftigt sind, haben die Eltern Zeit und Muße, sich dem Essen zu widmen, und auch das kann sich sehen lassen. Sehr ordentlich schmeckt die Tafelspitzbrühe mit Leberspätzle. Leicht und fein ist die Weißwurst vom Zander, die in einer Sauce aus grobkörnigem süßen Senf serviert wird. Eine Spezialität, die bei Weißwurst-Fundamentalisten übrigens auf scharfen Protest stößt. Aber das ist nicht so tragisch, es wurden schon kuriosere Gerichte als Weißwurst vom Zander angepriesen und auch gegessen.

Deftig-kräftig das Braumeister-Gulasch, das natürlich im hauseigenen Bier gegart wird. Das zart geschmorte Rindfleisch mit der kräftigen Soße und zwei Semmelknödeln gibt genau die richtige Grundlage für das süffige Bier, das besonders im Sommer so verführerisch ist, wenn die Sonne hoch steht und der Schatten knapp ist.

Der nahe Ammersee lädt zum Baden ein, oder zu einer Kreuzfahrt mit den Dampfern. Die »Dießen«, einer der ältesten Schaufelraddampfer seiner Art, konnte durch eine Bürgerinitiative vor der Verschrottung gerettet werden.

Aus dem Ammersee kommen Renken, die klassisch nach Müllerinart in der Pfanne gebraten und mit Petersilienkartoffeln serviert werden. Eine echte Ammerseerenke ist eine seltene Spezialität, da die Fische immer kleiner und auch seltener werden, sehr zum Leidwesen der Fischer, die auch nicht so recht wissen warum. Möglicherweise liegt's an der Wasserqualität des Sees.

Der »Mühlfelder Fischteller« besteht aus verschiedenen gegrillten Edelfischen wie Lachs, Forelle und Zander und wird auf einem feinen Kresseschaum angerichtet.

Die Ammerseer Hofente wird mit einer Mischung aus Äpfeln, Zwiebeln und Beifuß gefüllt und auf dem Spieß gebraten. Sie wird als Viertelportion mit Apfelblaukraut und Kartoffelknödel gereicht, für den ganz großen Hunger gibt's natürlich auch eine halbe Ente.

Vor dem Haus steht ein eigener Maibaum

Tadellos auch das panierte Schnitzel von der umfangreichen Kinderkarte: Damit kann man sogar die Kleinen – zumindest für kurze Zeit – vom Spielplatz weglocken. Und wer noch einen süßen Abschluss unterbringt, für den bietet sich vor allem der hausgemachte Apfelstrudel an.

WEILACHMÜHLE

THALHAUSEN

Am Mühlberg 5
85250 Thalhausen
Tel. 0 82 54 / 17 11

ANFAHRT

Auf der Autobahn A 8 Richtung Augsburg, Ausfahrt Adelzhausen, in Adelzhausen rechts 4 km in Richtung Aichach bis Sielenbach, dort rechts nach Wollomoos abbiegen und dort wiederum links nach Thalhausen. Von der Bahnstation Altomünster sind es rund 8 km zu Fuß.

ÖFFNUNGSZEITEN

Freitag und Samstag von 17 bis 24 Uhr, Küche bis 23 Uhr.
Im Winter ab 18 Uhr. Sonntags von 10.30 bis 23 Uhr,
warme Küche von 11 bis 14 Uhr und 17.30 bis 21.30 Uhr,
nachmittags Brotzeiten und Kuchen.

SPEZIALITÄTEN

Rind- und Schweinefleisch aus biologischer Landwirtschaft,
Fisch aus eigener Zucht, hausgemachte »Kiacherl« (Schmalznudeln).
Preislage: günstig.

TIPP

In der Weilachmühle finden von März bis Juni und von September bis Weihnachten regelmäßig Kabarett- und Kleinkunstabende mit der Creme der bayerischen Szene statt.

KÜCHE ★★   AMBIENTE ★★★

THALHAUSEN

Hier im westlichen hinteren Landkreis Dachau sehen die Dörfer anders aus als sonst in Oberbayern. Schwaben ist nah, ein paar Dörfer weiter ändert sich auch die Mundart hörbar. Vor der Gemeindegebietsreform gehörte Thalhausen sogar zum schwäbischen Landkreis Aichach. Die Häuser sind hier anders gebaut, die Dächer haben keine so großen Vorsprünge, bei den Bauernhöfen sind die Wohnhäuser meist von den Stallungen getrennt.

Ein Paradeanwesen in dieser Bauart beherbergt in Thalhausen das Wirtshaus Weilachmühle. Vor 15 Jahren hat Berti Well, das dritte von

Musikinstrumente und Steingut-Flaschen schmücken die gemütlichen Stuben

15 Kindern, das Anwesen gekauft und die Ruine zu einem Gasthaus umgebaut. Das alte Mühlhaus hatten die Vorbesitzer leider schon in den 50ern abgerissen.

Mustergültig hat der frühere Hauptschullehrer die alte Bausubstanz wieder zur Geltung gebracht und das Haus mit viel Gefühl renoviert. In sattem Blaugrün sind die hölzernen Fensterläden lackiert, hell leuchtet die gepflegte Fassade. An der Hauswand wachsen Weinreben, auf der Wiese vor dem Haus steht auf einem Pfahl das traditionelle Taubenhaus.

In all seiner Schönheit ist das Anwesen kaum als Gasthaus zu erkennen. Kein Wirtshausschild an der Straße, keine Sonnenschirme, die Werbung für eine Brauerei oder gar Coca-Cola machen. Wer's nicht weiß, muss richtig suchen, denn auch der Weg zum Gasthaus ist konsequenterweise nicht beschildert.

In der Inneneinrichtung dominiert helles Holz, angepasst an die alten Deckenbalken. Der Holzdielenboden strahlt eine wohlige Wärme aus. Die Gäste sitzen in den beiden Stuben auf Bänken und einigen wenigen Stühlen. An den Wänden hängen neben historischen Fotografien alte Stiche, auf den Borden der Holzvertäfelung stehen antike Musikinstrumente. Volksmusik und Brettlbühne spielen in der Familie Well eine große Rolle, drei Brüder wurden als »Biermösl-

Der ruhige Biergarten hat einen eigenen Ausschank im Nebengebäude

Blosn« berühmt, drei Schwestern eroberten unter dem Namen »Wellküren« die Brettlbühnen.

Auch die Küche in der Weilachmühle orientiert sich an der Tradition, modernisiert wurde aber trotzdem: Die zu jedem Essen gereichten Salate sind frisch und mit hausgemachten Dressing nicht zu sauer angemacht, dicke Soßen gibt es keine.

Beim Fleisch achtet Well streng auf die Herkunft, manchmal gibt's Schwein und Rind aus biologischer Aufzucht auch von anderen Produzenten. Wer's »ganz genau erwischt«, erklärt er, »bekommt was von unserem eigenen Hof auf den Teller.« Well betreibt außer dem Wirtshaus eine kleine Landwirtschaft mit maximal vier Angusrindern, von denen eines im Jahr geschlachtet wird.

Aber auch wenn's nicht vom eigenen Hof kommt, stimmt die Qualität. Die Speisekarte nennt sogar den Landwirt, bei dem die Tiere aufgewachsen sind. Und man kann diese Qualität schmecken. Der Schweinsbraten und die Schweinshaxen haben festes, saftiges, geschmackvolles Fleisch und die Rindersteaks sind zart und saftig. Etwas ganz Besonderes ist das Kalbszüngerl in Rieslingsoße: Das zarte Fleisch zergeht förmlich im Mund.

Handarbeit zählt auch bei den traditionellen bayerischen Nachspeisen, hier gibt es sogar frisch gebackene Schmalznudeln, und die Kuchen sind alle hausgemacht. Beides von Mutter Gertraud Well, die trotz ihres hohen Alters noch kräftig mitarbeitet. Die Mutter von 15 Kindern hat mit ihrem Albert nicht nur einen Wirt zum Sohn, sondern zugleich einen Heimatpfleger.

Die Weilachmühle ist ein beliebtes Ziel für Radler

GASTHOF BOGENRIEDER

PÖRNBACH

Ingolstädter Straße 15
85309 Pörnbach
Tel. 0 84 46 / 13 04

ANFAHRT
Auf der A 9 München–Nürnberg, Ausfahrt Langenbruck,
von dort 6 km der Wegweisung nach Pörnbach folgen.

ÖFFNUNGSZEITEN
Von 9 bis 14 Uhr und 17 bis 23 Uhr,
warme Küche von 11.30 bis 14 Uhr und 18 bis 21.30 Uhr.
Dienstag Ruhetag.

SPEZIALITÄTEN
Schweinsbraten und Haxe aus dem holzbeheizten Ofen,
hausgemachte Sülzen, Brotzeiten aus der hauseigenen Metzgerei,
Spargel zur Saison; hausgebrannte Obstschnäpse.
Preislage: günstig.

TIPP
Der Pörnbacher Spargel gilt bei Kennern als einer der besten überhaupt.
In der Saison kann man hier bei vielen Bauern tagfrisch gestochene Ware kaufen.

KÜCHE
★★★

AMBIENTE
★★

PÖRNBACH

Sanft senkt sich um Pörnbach das Hallertauer Hügelland gegen das Donautal. Spargelfelder wechseln sich mit Hopfengärten ab, kleine Wäldchen schmiegen sich in die Landschaft. Doch der Fremdenverkehr braust auf der Autobahn am Spargelland vorbei. Wer hier ein Wirtshaus betreibt, kann nur durch besondere Qualität überleben, wie sie das Gasthaus Bogenrieder bietet.

Hier fängt die Arbeit schon in aller Früh an an: Mit Holz aus dem eigenen Wald wird der große Ofen in der Küche angeschürt. Die milde Hitze und die hohe Luftfeuchte im Rohr lassen den Schweins-

Mitten im Dorf gelegen: der Gasthof Bogenrieder

braten zu einem besonderen Genuss werden, mit knuspriger Haut und saftigem Fleisch. Ebenso gut gelingt die Schweinshaxe, die auch ganz klassisch in der Reine gebraten wird, was vor allem bei der Soße eine ganz andere Qualität hervorbringt.

Für diesen Schweinsbraten kommen die Gäste schon ein Stück weit gefahren. An einem ganz normalen Werktag ist in der schlichten, holzgetäfelten Stube jeder Tisch besetzt.

Natürlich lockt nicht nur der Schweinsbraten, aus der Küche von Martin Bogenrieder kommen viele bayerische Schmankerl wie saures Lüngerl, gebackene Milzwurst, Rehschlegel oder Zwiebelrostbraten. Alles schmeckt frisch, nicht zu fett, traditionell und modern zubereitet zugleich.

Die hausgemachten Sülzen, deren Basis schon frühmorgens in großen Töpfen auf dem Herd in der Küche vor sich hin blubbert, kommen im Wirtshaus auf den Tisch, sie können aber auch in der vom Bruder betriebenen Familienmetzgerei für zuhause gekauft werden, ebenso natürlich Schinken zum Spargel und andere Wurst- und Fleisch-Spezialitäten.

Der Spargel, der in der Saison in mehreren klassischen Varianten angeboten wird, kommt auch vom familieneigenen Feld, das an einen benachbarten Bauern verpachtet ist. Brot und Semmeln werden beim

Martin Bogenrieder brennt seinen eigenen Obstschnaps

Bäcker vor Ort gekauft, der sein Mehl von der nahe gelegenen Kunstmühle in Freynhausen bezieht. Diese verarbeitet den Weizen und den Roggen, den die Bauern der Region anbauen. Ein vorbildlicher regionaler Kreislauf.

Das Bier kommt aus der Graf-Toerring'schen Brauerei, nur einen Steinwurf vom Gasthaus entfernt. Das Storchenpaar, das dort jedes Jahr auf dem alten Mälzereikamin nistet, gilt als ein Wahrzeichen der Gemeinde Pörnbach. Und wenn's noch ein Verdauungsschnaps sein darf, auch der ist bei Bogenrieders hausgemacht. Einmal im Jahr, wenn das Obst reif ist, brennt Martin Bogenrieder seinen Obstler und das Zwetschgenwasser selbst. Man verwertet nach guter alter Sitte, was das Land hergibt – und das auf hohem Niveau.

Das Koch-Handwerk hat Martin Bogenrieder bei Andreas Geitl im Forsthaus Wörnbrunn erlernt und seine Lehre als Jahrgangsbester abgeschlossen. Später machte er auch noch die staatliche Prüfung zum Küchenmeister – mit Auszeichnung. In Wörnbrunn lernte er nicht nur die Feinheiten seiner Küche, sondern traf auch seine spätere Frau Inge. Die gebürtige Allgäuerin und gelernte Hotelfachfrau arbeitete in Wörnbrunn, bevor auch sie noch einen weiteren Abschluss machte, als Betriebswirtin. Jetzt kümmert sie sich in erster Linie um die modernen Hotelzimmer im Haus – und natürlich um die drei gemeinsamen Kinder.

Der älteste, Johannes, ist gerade in die Schule gekommen. Ob er einmal das Gasthaus führen wird, das seit 1842 in Familienbesitz ist, ist natürlich noch unklar. Doch er hat einen bedeutenden Vorteil, erklärt sein Vater Martin: »Er weiß dann, was auf ihn zukommt.«

KLOSTERSCHENKE SCHEYERN

SCHEYERN

Am Schyrenplatz 1
85298 Scheyern
0 84 41 / 8 40 37

ANFAHRT

Auf der A 9 München–Nürnberg Ausfahrt Allershausen, dort nach Hohenkammer, dort rechts auf die B 13 abbiegen. Nach 8 km links nach Reichertshausen, nach Illmünster/Scheyern links abbiegen und 4 km der Wegweisung nach Scheyern folgen. Bahnfahrer kommen zu Fuß von Pfaffenhofen (ca. 7 km) oder mit dem Taxi (ca. 15 DM).

ÖFFNUNGSZEITEN

Montag bis Samstag von 10 bis 24 Uhr, sonn- und feiertags ab 9 Uhr, warme Küche von 11 bis 21.30 Uhr, Brotzeiten bis 22.30 Uhr.

SPEZIALITÄTEN

Braten vom Eschelbacher Schwein, Anfang Mai Gerichte mit den seltenen Hopfensprossen, Spargel zur Saison, hausgemachte Wurstwaren.
Preislage: günstig.

TIPP

Das krustige Bauernbrot, das zum Essen gereicht wird, und auch das Hausdressing für Salate können an der Theke für zu Hause gekauft werden.

KÜCHE
★★

AMBIENTE
★★★

SCHEYERN

Von Touristen überlaufen ist die Gegend an der Ilm nicht gerade. Aber sie bietet doch ein Ziel mit hoher Anziehungskraft: Scheyern, der Stammsitz der Wittelsbacher, mit seiner Klosterschenke. Fleischgenuss mit gutem Gewissen – hier gibt es ihn wirklich. Das Schweinefleisch kommt vom Träglerhof in Eschelbach (Holledau), das Lamm aus dem Altmühltal, und das Rindfleisch stammt von naturnah arbeitenden Bauern der Umgebung.

Man schmeckt den Unterschied. Der Schweinsbraten ist kernig und saftig zugleich. »Die Tiere wachsen auf dem Träglerhof ganz

Im Sommer wird im Garten gegrillt

anders auf«, erläutert Wirt Heinrich Vogt. »Sie bekommen nur natürlich erzeugtes Futter, haben Auslauf, so viel sie wollen, und weil sie langsamer wachsen, haben sie erst mit acht Monaten ihr Schlachtgewicht erreicht.« So lange mag sich kaum ein konventioneller Schweinemäster Zeit lassen. Zeit ist Geld, heißt die Devise, und Geld ist mit der Aufzucht von Schweinen schwer zu verdienen in Zeiten von Überproduktion und Preisbrecher-Supermärkten.

Bei der Preisbildung in der Klosterschenke schlägt der erheblich höhere Einkaufspreis kaum durch. Gemessen an der Qualität sind sowohl Schweinsbraten mit Kartoffelknödel und Speckkrautsalat als auch das Eschelbacher Schwein, in Butter gebraten, als Cordon Bleu sehr günstig.

Die hauseigene Metzgerei verarbeitet alles von den Edelschweinen; was nicht im Rohr oder in der Pfanne landet, wird zu Würsten, Leberkäs und Presssack verarbeitet.

Auch beim Grünzeug legt Vogt höchsten Wert auf regionale Herkunft und natürliche Qualität. Gemüse und Salat kauft er, solange es irgendwie geht, bei einer benachbarten Gärtnerei.

Eine ganz besondere Spezialität gibt es nur zwei Wochen lang Anfang Mai, wenn der Hopfen austreibt: Gerichte mit Hopfensprossen – eine gesuchte Rarität. Das Kilo von dem wohl teuersten aller

Im schattigen Garten werden bayerische Schmankerl serviert

Gemüse kostet im Einkauf 80 Mark. Da werden dann auch ganz edle Speisen wie Anguslende oder auch mal gebratene Riesengarnelen dazu serviert.

Heinrich Vogt war lange Zeit Geschäftsführer im Münchner Augustiner, daher kommen er und seine Frau Hannelore sowie Tochter Sonia gut mit der Größe des Hauses zurecht. Immerhin hat die mit hellem Holz möblierte Gaststube über 100 Plätze, dazu kommen verschiedene Nebenräume (einer auch für Nichtraucher), ein Festsaal und natürlich im Sommer der einladende Biergarten vor dem Kloster, in dem man unter hohen Bäumen sitzt und bedient wird oder sich im Selbstbedienungsbereich die kräftigen Brotzeiten aus der hauseigenen Metzgerei selbst holt.

SCHEYERN

Ohne es zu beabsichtigen, hat der Wirt etwas unaufdringlich Pädagogisches an sich. Er weckt die Lust an Genuss und Qualität. Das gilt nicht nur für seine Küche, sondern auch bei den Getränken. Als Spezialität bietet er ein unfiltriertes »Holledauer Hopfenzupfer-Bier« an, ein speziell gebrauter Hochgenuss aus der Bügelflasche. Frankenweine vom renommierten Juliusspital und von der Winzergenossenschaft Thüngersheim kann man günstiger nur noch zu Hause trinken, und die Auswahl an Edelbränden (Vogt: »Eine Spinnerei von mir«) würde auch ein Gourmet-Restaurant schmücken.

Auch um den Gäste-Nachwuchs kümmert sich der dreifache Vater: Kinder unter sechs Jahren, die ihre Eltern dabei haben, brauchen für Essen und Trinken nichts zu bezahlen.

Auch im Selbstbedienungsbereich sitzt man gemütlich

GAST- & TAFERN-WIRTSCHAFT ANDREAS HÖRGER

HOHENBERCHA

85402 Hohenbercha 38
Tel. 0 81 66 / 97 78

ANFAHRT
Autobahn A 9 Richtung Nürnberg, Ausfahrt Allershausen,
von dort 5 km in südlicher Richtung parallel zur Autobahn, dort rechts
nach Hohenbercha abbiegen (Wegweiser zum Gasthaus).

ÖFFNUNGSZEITEN
Täglich 8 bis 1 Uhr,
warme Küche von 11.30 bis 14 Uhr und 18 bis 21 Uhr.

SPEZIALITÄTEN
Alle Wurstwaren kommen aus der eigenen Metzgerei, am Dienstagmittag frisches Kessel-
fleisch (abends auf Bestellung), am Freitag ab 9 Uhr kesselfrische Weißwürste.
Preislage: günstig bis mittel.

TIPP
Radler können vom S-Bahnhof Petershausen gemütlich auf kleinen Straßen
über Hohenbercha zum S-Bahnhof Freising fahren (ca. 25 km).

KÜCHE ★★★   AMBIENTE ★★

HOHENBERCHA

Hier in Hohenbercha hält man zusammen. Mit einem Bürgerentscheid sorgten die Dorfbewohner sogar dafür, dass vor gut zwei Jahren keine Straßennamen eingeführt wurden, sondern der Ort als Ganzes durchnummeriert wurde. So blieb der Ortsname postalisch erhalten und wurde nicht dem Gemeindenamen Kranzberg untergeordnet.

Tiefe Verbundenheit mit seinem Ort und der Region zeigt auch Wirt Andreas Hörger: »Leben mit dem Lande« steht über seiner täglich neuen Speisekarte, eine Standardkarte gibt es nicht. Bei allen Gerichten schreibt er den Bauern dazu, von dem das Vieh kommt, den Jäger, der das Wild, und den Züchter, der die Süßwasserfische liefert. Das Schweinefleisch kommt von Sauen aus der eigenen Landwirtschaft.

Der gelernte Metzger Hörger übernahm den Betrieb vor eineinhalb Jahren von seinem Vater Andreas, dessen Vater auch Andreas hieß. Dass der Begründer der Wirtshaus-Dynastie, die 1888 ihren Anfang nahm, ebenfalls Andreas hieß, versteht sich fast von selbst.

Andreas Hörger IV. ist zwar hier im Ampertal fest verwurzelt, blickte aber immer schon über den Tellerrand hinaus. Er arbeitete über ein Jahr im Münchner Königshof – wie sein jüngerer Bruder Klaus, der in Hohenbercha als Küchenchef fungiert.

Die Küche bietet die gesamte Breite bayerischer Spezialitäten, vom Schweinsbraten bis zum gebackenen Kalbskopf, vom Wildgulasch bis zum gebratenen Zander. Die Gäste nehmen das alles freudig an. An heißen Tagen sitzen sie unter kühlenden Kastanien, wenn's etwas frischer ist, lockt die sonnige Terrasse. Schön sitzt man auch in der gepflegten Stube. Bei größeren Veranstaltungen können bis zu 250 Gäste bewirtet werden. Das wissen auch die örtlichen Vereine zu schätzen.

Ein besonderes Faible hat Hörger für Käse und Wein. Die dürfen ganz ausnahmsweise auch aus Frankreich und Italien kommen. Natürlich nur von handwerklich arbeitenden Familienbetrieben.

SCHLOSSWIRTSCHAFT MARIABRUNN

RÖHRMOOS

Gut Mariabrunn 3
85244 Röhrmoos
Tel. 0 81 39 / 86 61

ANFAHRT
Auf der A 92 bis zur Ausfahrt Unterschleißheim, von dort über Haimhausen Richtung Dachau, in Ampermoching rechts Richtung Markt Indersdorf, nach 1 km am Kreisverkehr Richtung Markt Indersdorf, nach ca. 500 m (1 km vor Schönbrunn) links der Beschilderung folgen.

ÖFFNUNGSZEITEN
Biergarten täglich von 16 bis 23 Uhr, am Wochenende und feiertags ab 11 Uhr.
Restaurant: Mittwoch bis Freitag von 17 bis 24 Uhr,
Samstag, Sonntag und Feiertage 11 bis 23 Uhr.

SPEZIALITÄTEN
Helles und dunkles Bier aus der Schlossbrauerei Mariabrunn;
Fleisch von der Bio-Pute, ofenfrischer Schweinsbraten.

TIPP
Autofahrer sollten am besten nicht mit dem Auto bis ganz vors Haus fahren, sondern den Fußweg von Ampermoching her wählen (gute Viertelstunde).

KÜCHE ★★   AMBIENTE ★★★

Mariabrunn, einer der wohl schönsten Biergärten Bayerns, hat eine lange Geschichte – und die beginnt mit Wasser. Wir schreiben das Jahr 1662. Der Ampermochinger Landmann Georg Schlairböck machte im so genannten Gerichtsschlag Holz. Durstig wie er war, trank er aus einer Quelle. Und siehe da, sein Bruch, an dem er jahrelang gelitten hatte, besserte sich, was er später sogar an Eides statt versicherte. Die Quelle wurde in Holz gefasst und schon bald wurden dem Wasser positive Wirkungen bei Kopfschmerzen, Nieren-, Blasen- und sogar Geschlechtskrankheiten nachgesagt.

Karin und Bernhard Öttl, die Wirte in Mariabrunn

Als Amalie Hohenester das Anwesen 1862 erwarb, ging es richtig los. Die Wunderdoktorin kurierte einen Baron von Rothschild und Kaiserin Sisi – mit brutalen Kaltwasserduschen und strenger Null-Diät. Obwohl »Mali« Hohenester im Lauf der Zeit als Kurpfuscherin abgestempelt wurde, war Mariabrunn ein regelrechter Wallfahrtsort geworden.

Nicht wegen des Wassers pilgern die Gäste heute in Scharen hierher, sondern wegen des Bieres, das die Familie Breitling in dem grandiosen Gehöft braut, das ihr seit 1907 gehört. Getrunken werden können das Dunkle und das Helle vor allem in dem einmalig schönen Biergarten hinter dem Anwesen. Die Holztische stehen in einem alten hohen Mischwald, der sich sanft zu einem Hügel erhebt, von dem aus man bei entsprechendem Wetter einen wunderbaren Blick über München auf die Alpen hat.

Einen Besuch wert ist aber auch die Gastwirtschaft, die von dem ambitionierten Bernhard Öttl betrieben wird, und der der von seinen Vorgängern lange Jahre vernachlässigten Gastronomie ein völlig neues Gesicht gegeben hat. In aufwändiger Arbeit hat er die Innenräume der Schlossgaststätte renoviert. Die gewölbeartigen Gaststuben strahlen eine gediegene Gemütlichkeit aus. Der Holzdielenboden und der Kachelofen machen's den Gästen behaglich.

Altehrwürdige Bäume säumen den Weg nach Mariabrunn

Küchenchef Simon Radlmayer pflegt eine moderne bayerische Küche. Auf einer kleinen, täglich wechselnden Karte finden sich Gerichte wie gebratene Leber von der Bio-Pute auf Blattsalaten, natürlich ein saftiger Schweinsbraten oder Rehmedaillons in Pfifferlingrahm mit Spätzle. Auch geschmortes Lamm mit Gartengemüsen wird angeboten, oder Zander mit Blattspinat.

Radlmayers moderne, leichte Küche hat in kurzer Zeit einen so großen Zuspruch gefunden, dass man abends ohne Reservierung im Restaurant oder auf der Terrasse kaum mehr einen Platz bekommt. Wer bei gutem Wetter auf gut Glück kommt, findet natürlich einen Platz im Biergarten. Und mit den appetitlichen Brotzeiten wie Obatztem, Wurstsalat sowie Fleisch und Würsten vom Holzkohlengrill ist man auch wunderbar versorgt.

DIE WEISSWURST
Mythen und Legenden

Um kein bayerisches Schmankerl, ja überhaupt um wenig Essbares ranken sich so viele Mythen und Legenden wie um die Münchner Weißwurst. Sie ist wohl die einzige echt Münchner Spezialität, und dabei noch vergleichsweise jung. Der Münchner Mundart-Dichter Herbert Schneider widmete der »Königin im Wurstrevier« ein Denkmal in Versform.

Erfunden worden ist sie angeblich am 22. Februar 1857, einem Faschingssonntag, in der Münchner Gaststätte »Zum ewigen Licht«, gleich gegenüber vom Rathaus.

Der Wirt Sepp Moser hatte schon in aller Früh das Wursten begonnen, um den übernächtigten und übrig gebliebenen Frühstücksgästen etwas Handfestes anbieten zu können, nämlich seine beliebten Kalbsbratwürstl. Doch als es ans Einfüllen des frischen Bräts in die Därme ging, stellte der Sepp bestürzt fest, dass keine Schafsdärme mehr da waren, wie er sie für die Bratwürste gewöhnlich verwendete. Die Wirtsstube war schon gut gefüllt, ein Debakel stand bevor. In der Not füllte er das Brät in Schweinsdärme. Da diese aber größer im Durchmesser sind, und dabei ihre Haut dünner, traute sich der Sepp nicht die Würste zu braten, sondern nur im heißen Wasser zu brühen. So wurden sie auch serviert und von der hungrigen Gästeschar begeistert angenommen.

Es darf nicht nur diese Version der Entstehung angezweifelt werden, sondern überhaupt, dass die Weißwurst eine rein bayerische Erfindung ist.

Bereits im 14. Jahrhundert wurde in Frankreich ein Rezept für eine »Boudin blanc« niedergeschrieben, die auf zerkleinertem Kalbfleisch basiert. Aber das bedeutet natürlich nicht, dass es so etwas in Bayern nicht auch schon gegeben hätte, die Bayern »kannten es einfach auswendig und hatten es im Kopf«, wie Metzger-Oberinnungsmeister Ludwig Margraf in seinem Buch »Mythos Weißwurst« so amüsant wie treffend schreibt.

Die Geschichte der Weißwurst ist eher eine Geschichte von Armut und Not. Ein bayerischer Kleinbauer konnte es sich in der Regel nicht leisten, mehr als ein oder zwei Stück Vieh zu halten. So mussten die Kälber schon wenige Wochen nach der Geburt geschlachtet werden, da sie sonst die Milch wegtranken, die einzige Fettquelle der ganzen Bauernfamilie.

Das wenige Fleisch, das so ein winziges Kälbchen hergab, wurde fein zerkleinert breiig geschlagen (»geschlegelt«) und mit Wasser und Salz zu einem feinen Brei verrührt, der portionsweise in kochendem Wasser gebrüht wurde, der Vorläufer der Wollwurst, die auch heute keinen Darm als Hülle hat.

Weiterentwickelt wurde diese Methode von den Wirtsmetzgern, die dem Brät noch Häutelwerk (Schwarten) zusetzten und es in Naturdärme füllten.

Eine richtige Wurst im heutigen Sinne und annähernd nach dem heutigen Geschmack, nämlich zart, fein und flaumig, war das Ganze noch lange nicht, denn es fehlte eine entscheidende Komponente, der Geschmacksträger Fett. Und der kam erst in die Wurst, als der Siegeszug der Kartoffel die Schweinemast im größeren Stil ermöglichte. Erst mit dem Schweinespeck wurden Brühwürste gemacht, die mit den heutigen Ähnlichkeit haben.

So ist es auch kein Wunder, dass sich erste niedergeschriebene Rezepte für Weißwürste erst um die Jahrhundertwende unter der Rubrik »Münchner Bockwürste« finden und sich der Name Weißwurst erst in den dreißiger Jahren des 20. Jahrhunderts endgültig durchsetzte.

Und auch seit damals hat sich ihre Herstellung nochmals drastisch verändert. Zuerst nahmen Maschinen den Metzgern die Knochenarbeit des »Schlegelns« ab. Aber noch immer wurde mit schlachtwarmem Fleisch gearbeitet. Nur in den ersten Stunden nach dem Schlachten hat das Fleisch eine natürliche Bindekraft und muss daher rasch verarbeitet werden. Da die Würste im Darm noch von Hand abgedreht wurden, bestellte man sie damals nicht paar- sondern stückweise, ein Brauch, der sich bis heute gehalten hat.

Aus dieser Zeit stammt auch noch das berühmt-berüchtigte »Auszuzeln« der Wurst. Das Ende wurde abgeschnitten, oder ganz leger abgebissen, die Wurst mit der Hand aus dem Darm gedrückt und zugleich buchstäblich in den Mund gesaugt. Diese nicht unbedingt ästhetische Technik hatte ihre volle Berechtigung: Da das Brät in der Wurst nicht immer hundertprozentig gleichmäßig gebunden hatte, konnte eine Wurst, auf die feine Art mit Messer und Gabel gegessen, furchtbar spritzen.

Das hat sich mit der modernen Technik des Metzgerhandwerks weitgehend überholt. Und so ist auch das Auszuzeln der Weißwurst nicht mehr unbedingt die Methode der Wahl, sondern das elegante Abziehen der Haut, möglichst mit dem Kreuzschnitt, den unsere nebenstehende Skizze zeigt.

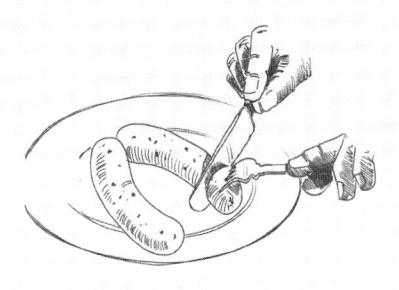

Wohl die eleganteste Technik, eine Weißwurst zu essen: der Kreuzschnitt.

Hierzu wird die Haut leicht diagonal ein-, aber nicht durchgeschnitten.

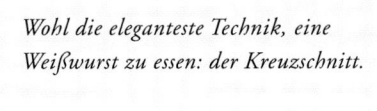

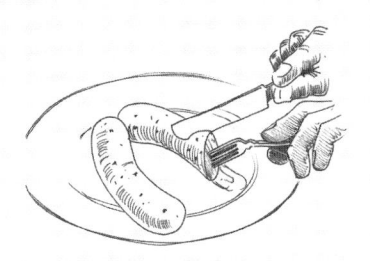

So lässt sich das abgetrennte Stück Wurst mit der Gabel aufspießen…

…und mit einer Drehung leicht aus der Haut lösen.

Mit dieser Methode arbeitet man sich Stück für Stück dem Wurstende entgegen.

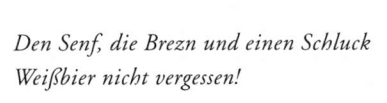

Den Senf, die Brezn und einen Schluck Weißbier nicht vergessen!

1972 legte die Stadt München fest, was eine »Münchner Weißwurst« ausmacht: Der Muskelfleischanteil muss zu mehr als der Hälfte vom Kalb kommen, dazu dürfen 10 Prozent »Häutelwerk« zugesetzt werden (früher wurden ausgelöste Kalbskopfteile mit Haut und Bindegewebsteile von Kälbern verwendet, heute hauptsächlich gekochte Schwarten von jungen Schweinen). Es dürfen nicht mehr als 25 Prozent Fremdwasser und 30 Prozent Fett enthalten sein. Gewürzt wird die Weißwurst in der Regel mit frischer Petersilie, Zwiebel, Zitronenschale und einer Gewürzmischung mit Muskat-Blüte (Macis), Sellerie-Salz, Glutamin und Phosphat oder Citrat als Stabilisator.

Spätestens seit den 1970er-Jahren ist auch die Regel überholt, dass Weißwürste das Zwölf-Uhr-Läuten nicht hören dürfen.

Seit nicht mehr mit schlachtwarmem Fleisch gearbeitet, sondern die Bindung des Bräts mit Phosphat oder Citrat erzielt wird, werden Weißwürste nach dem Brühen – mit wenigen Ausnahmen – abgekühlt und erst in der Wirtsküche wieder in heißem Wasser erwärmt. Frische, ordentlich behandelte und nicht zu lange erhitzte Würste schmecken zu jeder Tageszeit, wobei vakuumierte Weißwürste gut gekühlt auch längere Reisen überstehen. Das Einfrieren ist aber eine zu Recht sehr umstrittene Praxis.

Mit dem Zwölf-Uhr-Läuten hat es auch noch eine andere Bewandtnis. Würste sind eine Brotzeit und kein Mittagessen, und es war in der Wirtschaft eine Art Schichtwechsel üblich, sowohl bei der Kundschaft als auch beim Personal, das für das Mittagessen eindecken musste. Um 11 Uhr hieß es üblicherweise »Würst aus« und die restlichen wurden dann bis zwölf Uhr verkauft.

Keine Legende ist, dass man zur Weißwurst süßen Senf, Brezn (ausnahmsweise eine Semmel) und ein frisches Weißbier genießt. Weil einfach nichts anderes so gut zur zarten flaumigen Weißwurst passt.

ZUM FRANZISKANER

MÜNCHEN

Perusastraße 5
80333 München
Tel. 0 89/2 31 81 20

ÖFFNUNGSZEITEN
Täglich von 8 bis 24 Uhr,
warme Küche 11 bis 23.30 Uhr.
830 Plätze in verschiedenen Stuben und Sälen und im Garten.

SPEZIALITÄTEN
Leberkäse, Weißwürste, Rostbratwürste aus hauseigener Metzgerei,
süßer Senf aus eigener Produktion,
bayerisch-bürgerliche Gerichte
von gegrillter Ente bis Waller im Wurzelsud;
Löwenbräu-Biere.
Preislage: gehoben.

KÜCHE
★★★

AMBIENTE
★★

In der Früh um vier, wenn die Innenstadt noch ganz tief schläft, wird im Franziskaner schon an einer Legende gefeilt. Dann fangen die Metzger in der Perusastraße mit ihrer Arbeit an. Hier ensteht ein Leberkäse, der in München und sonstwo seinesgleichen sucht. Flaumig-zart, saftig und aromatisch, ein Gedicht, und er zergeht buchstäblich auf der Zunge.

Das Geheimnis des Franziskaner-Leberkäse ist leicht erzählt und schwer zu realisieren. »Das Zauberwort ist Frische«, erläutert Wirt Edi Reinbold. Es geht damit an, dass tagfrisch gearbeitet wird. »Wir haben auch schon mal versucht, das Brät für den Leberkäs am Vortag herzustellen, damit unsere Metzger nicht so früh anfangen müssen, aber damit haben wir ganz schnell wieder aufgehört.« Die Zeiten, als der Leberkäse beim Metzger nach dem »Aufräumen« aus den Resten gemacht wurde, sind längst vorbei.

Alle Zutaten müssen frisch und von guter Qualität sein. Rindfleisch, Schweinefleisch, Speck, Schweinebacken, Knoblauch, Gewürze und zerstoßenes Eis, mehr kommt nicht hinein. Im Prinzip auch nicht anders als bei den anderen Münchner Metzgern.

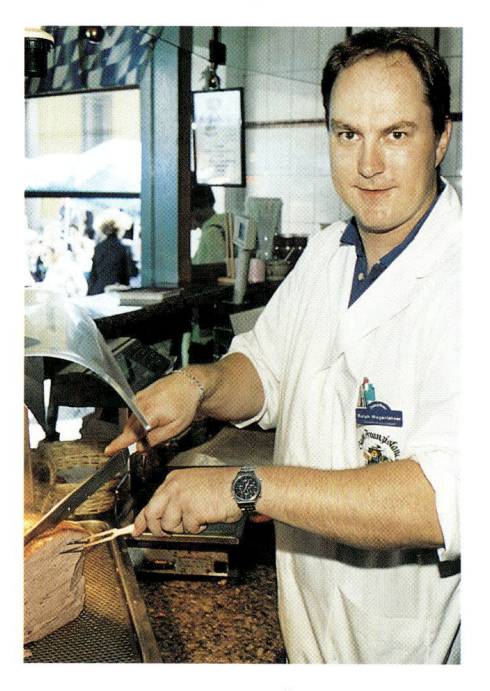

Der Herr über die Leberkäs-Öfen: Ralph Wagenlehner wacht über die Frische der Ware

Und doch ist das Ergebnis ein Besonderes. »Wir nehmen wohl etwas mehr Eis beim Kuttern (Zerkleinern) des Bräts«, erklärt Reinbold, »das macht die Masse zarter, aber auch sehr viel empfindlicher.«

Nach dem zeitlich genau gestaffelten Backen in den Öfen dürfen die Laiber maximal 20 Minuten heiß gehalten werden, dann kommen sie weg. Sonst wäre der legendäre Ruf vielleicht auch bald dahin. Denn nach einer halben Stunde fällt der Leberkäse buchstäblich in sich zusammen und wird zu fest. Zum Abbräunen eignet er sich sicherlich noch tadellos, aber eine Leberkäs-Semmel damit wäre bestenfalls noch das halbe Vergnügen.

In langen Schlangen stehen die Münchner schon ab dem Vormittag für das ganze Vergnügen an. 145 Kilo gehen im Schnitt täglich weg. Zum Mitnehmen gibt's den Leberkäs in der Semmel, dann richtet sich der Preis nach dem Gewicht, im Restaurant werden frisch gebackene Brezen und Hausmacher-Senf dazu gereicht. Der Senf ist ebenfalls eine Legende und passt in seiner dezenten und wenig scharfen Art einmalig gut zu dem zarten Leberkäs. Bis zu 100 Kilo werden im Franziskaner an starken Tagen weggeputzt, oft einfach nur so mit den frischen Brezen.

Der Eingang in der Perusastraße

Der süße Seim ist ebenfalls hausgemacht und wird mit größter Sorgfalt nach bewährten Methoden hergestellt. In speziellen Holzbottichen reift die Mischung aus gelben und grünen Senfsaaten mehrere Tage nach dem Zusammenmischen und Abbrennen mit einem glühenden Schürhaken, an dem der Zucker karamelisiert. Zwiebelsud verleiht ihm ein besonderes Aroma, macht ihn aber auch weniger lang haltbar. Das ist auch der Grund, warum eine Lizenzproduktion zwar geplant wurde, aber nie zustande kam. Der Franziskaner-Senf eignet sich nicht zur Konserve.

Für den Leberkäs hatte Reinbold ebenfalls mal eine Lizenzproduktion geplant, aber auch da war die Erkenntnis: Qualität und Frische seines Produkts sind nicht beliebig vermehrbar. Auch wenn Deutschlands bedeutendster Restaurantkritiker einmal meinte, »Leberkäse ist doch der tote Onkel vom Hamburger«. Den im Franziskaner hat er ganz offensichtlich noch nicht probiert.

Neben dem Leberkäse bietet die Franziskaner-Küche auch hausgemachte Weißwürste und eine große Auswahl an gehobener bayerischer Küche, von der gegrillten Ente, die man schon am Eingang durch ein Guckloch bewundern kann, bis zu Fischen in klassischen Zubereitungsarten. Doch der Leberkäse ist und bleibt eine Kategorie für sich.

Der Stammtisch im Herzen der Großgaststätte: Mittags treffen sich hier Geschäftsleute aus der Umgebung

GASTHAUS BAYERISCHER HEROLD

MÜNCHEN

Lindwurmstraße 37
80337 München
Tel. 0 89 / 53 42 50

ÖFFNUNGSZEITEN
Täglich von 10 bis 24 Uhr,
Küche von 11 bis 22 Uhr.
Samstag Ruhetag.
50 Plätze in der Stube, 50 Plätze im Nebenraum.

SPEZIALITÄTEN
Schweinsbraten mit Krautsalat und Kartoffelknödel,
Bratensülze, Suppenfleisch, Kalbsnieren,
hausgemachter Kartoffelsalat;
Paulaner-Biere.
Preislage: günstig.

KÜCHE ★★   AMBIENTE ★

MÜNCHEN

Schweinsbraten gibt's oft in München. Aber so einen wie im Bayerischen Herold nur ganz ganz selten. Zartes Fleisch, ein knuspriges Krusterl und eine kräftige dunkle Soße, die laut nach dem Knödel ruft – ein Essen wie aus dem Märchen.

Doch das Märchen ist echt und harte Arbeit. Korbinian Haas, Wirt und Koch in Personalunion, fährt jeden Tag in der Früh in den Schlachthof zum Einkaufen. Zum einen aus Sentimentalität, schließlich hat er dort 38 harte Jahre als Metzger gearbeitet, zum anderen hat er immer die Kontrolle über die Qualität und Frische der Ware. Seinen Braten macht er ausschließlich von der dicken Schulter: »Die hat das beste Fleisch, und die Haut gibt eine wunderbare Kruste.«

Um halb neun Uhr schiebt er dann drei Schultern in den Ofen seiner kleinen Küche. Aber nicht einfach so. Das Fleisch wird auf ein Bett von Rippenknochen und grob zerkleinerten Zwiebeln gelegt. Aufgegossen wird dann mit Rindssuppe, und reichlich Salz kommt auf die obenliegende Haut, damit sie knusprig, aber nicht zu hart wird. Gewürzt wird jetzt nur noch mit Kümmel. »Was anderes kommt nicht dran, keine Tomaten, keine Karotten, ja nichts, was die Soße süß machen würde.« Auch von Bier in der Soße, eine Zeit lang sehr in Mode, hält er nichts.

Dreieinhalb Stunden schmurgelt das Fleisch jetzt seiner Vollendung entgegen. 200 Grad ist der Ofen nur heiß, für High-Tech-Köche lächerlich wenig. Aber der Geschmack gibt Haas recht. Und der hat sich herumgesprochen. Gegen 12 Uhr füllt sich das einfache, aber gepflegte Gasthaus an der Lindwurmstraße. »Zehn Minuten braucht er noch«, antwortet die Kellnerin auf die ersten Anfragen. Aber die Kenner wissen, dass sich das Warten lohnt, weil der Braten immer frisch ist und dabei konkurrenzlos preiswert. Am Nachmittag schiebt Haas dann die Ration für das Abendgeschäft in den Ofen. Was übrig bleibt, wird zur Bratensülze, auch eine Spezialität des Hauses.

Die Gastronomie wurde Korbinian Haas buchstäblich in die Wiege gelegt. Doch das elterliche Gasthaus Haas in Mammendorf (Kreis Fürstenfeldbruck) erbte der ältere Bruder und Korbinian erlernte das Metzgerhandwerk. Seit neun Jahren steht er jetzt im bayerischen Herold in der Küche, seine Frau Erika an der Schänke.

Unter seinen Vorgängern als Wirt ist der legendäre Steyrer Hans, Wiesn-Wirt und als stärkster Mann der Welt bekannt, ein echtes Münchner Original. Original Münchner freuen sich im Herold noch über mehr als sein gutes Essen: Jeden Mittwoch wird am Volksmusiker-Stammtisch musiziert, und alle zwei Wochen tritt das Münchner Vorstadt-Brettl auf – wie in einer vergangen geglaubten Zeit.

BEIM SEDLMAYR

MÜNCHEN

Westenriederstraße 14
80331 München
Tel. 0 89 / 22 62 19

ÖFFNUNGSZEITEN

Montag bis Freitag von 9 bis 23 Uhr, Samstag 8 bis 16 Uhr,
Küche bis 21.30 Uhr, Samstag bis 15.30 Uhr.
Sonn- und Feiertage geschlossen.

SPEZIALITÄTEN

Gesottenes vom Schwein, Spanferkel, Kalbszüngerl,
Schweinshaxn, Ochsenbrust, Apfelschmarrn;
Paulaner Biere.
Preislage: günstig.

KÜCHE ★★★   AMBIENTE ★★

MÜNCHEN

Kann ein Schwein fein sein? Jawohl, es kann! Vor allem, wenn es bei Rudi Färber auf den Teller kommt. Egal, ob Spanferkel mit Biersoße oder saueres Schweinefleisch aus dem Wurzelsud, das Borstenvieh zeigt sich im Straubinger Hof von einer kaum gekannten Seite.

Färber, Küchenchef und Wirt in Personalunion, kauft ausschließlich heimische Sauen, schon seit Jahren beim selben Metzger. In aller Frühe steht er dann in seiner Küche und fängt mit seiner aufwändigen Arbeit an. Fast nirgends in München gibt es frisch gekochteres

Rudi Färber ist Koch mit Leib und Seele

Schweinefleisch, das ja sonst in der Regel als Schnitzel oder als Braten auf den Tisch kommt. Beim Sedlmayr gibt es noch das traditionelle Wellfleisch, das früher aus dem frisch geschlachteten Schweinefleisch zubereitet wurde. (Der Name kommt vermutlich vom wallenden Kochwasser. Andere Erklärungen beziehen sich auf die Wellenform, die ein Zwerchfell annimmt, wenn nach dem Kochen die Rippen entfernt werden. Allerdings würde es sich dabei eher um ein Stück vom Rind oder Kalb handeln; Färber und sein saufrisches Schweinefleisch dürfte diese Erklärung nur wenig interessieren).

Eine besonders seltene Variante ist das Schweinefleisch sauer, das in einem essigsauren Wurzelsud mit Salzkartoffeln serviert wird und das gewohnte Geschmackserlebnis weit hinter sich lässt. Das Fett ist zum Teil herausgekocht, das Fleisch rosa und zart, aber doch mit Biss, und die feine Säure des Suds verbindet sich harmonisch mit dem kräftigen Fleischgeschmack.

Besonders spezialisiert hat sich Färber auf Spanferkel. Da kauft er sechs bis acht Wochen alte zarte, magere Milchferkel, die mit Bier aufgegossen ganz sanft gebraten werden. Natürlich im Rohr, »sonst gibt's ja keine Soße«, so der 50-jährige Küchenmeister. Zum Spanferkel werden ganz traditionell ein Kartoffelknödel und frischer Blattsalat gereicht. »Fürs Kochen hab ich mich schon als Kind interessiert, und

Die Gaststube erlaubt einen Blick in die Küche

irgendwann habe ich beschlossen, dass ich nie in meinem Leben was Schlechtes essen will.« Und so erlernte Färber das Konditorenhandwerk, dazu das Metzgerhandwerk, bis er die Prüfung zum Küchenmeister ablegte.

Von 1981 bis 2000 betrieb Färber den Straubinger Hof in der Blumenstraße, der eine wunderbare Adresse war, wenn man richtig bayerisch essen wollte. Im Sommer 2000 siedelte er in den Sedlmayr in der Westenriederstraße über, das Lokal, das der Volksschauspieler Walter Sedlmayr mit Wolfgang Werle, der nach Sedlmayrs Tod wegen Mordes inhaftiert wurde, gegründet hatte. Die vom Gastraum einsehbare Küche ist viel geräumiger gestaltet als in Färbers vorherigem Domizil, sie wurde von Sedlmayr für Fernsehproduktionen ausgelegt.

Färbers Küchen-Geheimnis? »Handarbeit und früh aufstehen.« Hier wird jede Kartoffel im Haus geschält, und dass die Spätzle hausgemacht sind, ist eine Selbstverständlichkeit. Das Einzige, was ihn vom Kochen ablenken kann, ist Fußball.

Als echtes Münchner Kindl hat er die ganzen Münchner Schmankerl noch kennen- und schmecken gelernt, die vor einigen Jahren schon vergessen und verloren schienen. Und so bietet er eine Karte, auf der sich die Leckereien ein Stelldichein geben: kälberne Briesmilzwurst, Innereien von Rind und Kalb, Gesottenes vom Ochsen oder Apfelschmarrn nach Großmutters Art.

Hier zählt, was auf den Teller kommt, es wird nicht aufwändig eingedeckt, und wenn's eng wird, »ruckt ma zamm«. Dann sitzt in der hellen und freundlichen Gaststube der Geschäftsmann neben dem Studenten und die Marktfrau neben dem Herrn Doktor. Und man ist sich ziemlich einig: bei der Qualität des Essens und der Preiswürdigkeit können nur wenige mithalten.

Von der Wand grüßt Volksschauspieler Walter Sedlmayr, der Gründer des Lokals

KULTUR UND KULT UMS BIER

In München wird Bier von Weltklasse gebraut und es ist auf dem ganzen Globus berühmt – zu Recht. Aber auch das beste Bier braucht Pflege. Die Brauer können sich noch so viel Mühe geben, wenn im Gasthaus die Gläser nicht einwandfrei gespült sind, wenn die Temperatur nicht stimmt, wenn die Schankanlage nicht ordentlich gewartet ist, schmeckt's einfach nicht so gut.

Gehen wir einmal davon aus, dass diese Voraussetzungen in (fast) allen Münchner Wirtshäusern erfüllt werden, trotzdem schmeckt in einigen das Bier noch besser.

Zum Beispiel im Paulaner im Tal, wo Putzi Holenia das Regiment führt. Die Paulaner-Brauerei hat ihm nicht zuletzt ihr Renommier-Objekt in der Münchner Innenstadt übertragen, weil er gelernter Brauer ist.

Im Keller des Gasthauses ruht das Bier nach der Anlieferung mehrere Tage in großen Tanks, bevor es zum Ausschank kommt. Von dort wird es nicht mittels Kohlensäuredruck in die Schankanlage gepresst, sondern per Hydraulik sanft gepumpt. Das hat den Vorteil, dass es mit wenig Kohlensäure ins Glas läuft. Zuviel Kohlensäure nimmt dem Gerstensaft nämlich die gewünschte Süffigkeit und außerdem füllt das Gas den Magen.

Mit fünf bis sechs Grad kommt das Bier im Paulaner ins Glas; wem das zu kalt erscheint: wärmer wird es ganz schnell von selbst, ungefähr um ein Grad in drei Minuten.

Für ganz besondere Spezialisten wird im Tal aus Kultur Kult gemacht: Holenia hat einen Schrank, in dem Stammgäste ihren silbernen Bierbecher deponieren. Das dünnwandige Metall ist innen vergoldet, gibt die Kälte erheblich langsamer an die Luft ab, das Bier schmeckt länger frisch. Die Fanatiker lassen sich den vom Silberschmied handgefertigten Becher auch ein hübsches Sümmchen kosten.

Im Nürnberger Bratwurst Glöckl am Dom wird seit drei Generationen das Bier aus dem Holzfass ausgeschenkt, bis vor einigen Jahren Hacker, seither Augustiner Hell.

Die 30-Liter-Fässer ruhen mindestens zwei Tage im Keller, bevor das Bier zum Ausschank kommt. Wirt Michael Beck setzt ganz auf die natürlich gebundene Kohlensäure, die das Bier süffig und bekömmlich macht. Kenner wählen im Glöckl vor allem den »Schnitt«, ein zügig eingeschenktes kleines Bier mit extra viel Schaum im Halbe-Glas.

Aufs Holzfass setzt man seit einiger Zeit auch im Bratwurstherzl beim Viktualienmarkt. Dort wird das Hacker Edelhell – je nach Absatz – aus 20- oder 30-Liter-Fässern gezapft. Die kommen mit etwa dreieinhalb Grad aus der Kühlung, in der rund 90 Prozent Luftfeuchtigkeit herrscht, damit die Fässchen keinen Schaden nehmen. Im Bratwurstherzl übernehmen die Temperierung und Luftfeuchteregulierung Spezialaggregate.

Im Bratwurst Glöckl am Dom und auch nebenan im Andechser sind die Gläser für das Bier vom Fass mundgeblasen und haben einen Goldrand. Das schaut nicht nur schön aus und kostet den Wirt einiges mehr, sondern es hat einen entscheidenden Vorteil: Das Kristallglas hat eine mikroskopische Rauheit, die die Kohlensäure perfekt zum Perlen bringt, dann schmeckt das Bier lebendig und frisch, obwohl es weniger Kohlensäure enthält, als ein herkömmlich gezapftes Bier. Ein Effekt wie beim Champagner, der auch raue Stellen im Glas benötigt, damit seine »Sterne« richtig schön zur Geltung kommen.

Industriell produzierte Biergläser zeigen diesen Effekt nicht so schön, und er nimmt mit zunehmendem Gebrauch noch ab, da scharfe Reinigungsmittel in den Spülmaschinen das Glas buchstäblich glattscheuern können.

Diesem Effekt wirken aufwändige Wasseraufbereitungsanlagen wie im Franziskaner entgegen. Edi Reinbold steckte über 100000 Mark in eine Umkehrosmoseanlage, die ihm ermöglicht, die Menge des Reinigungsmittels zu halbieren.

Sagt der Löwenbräu-Vorzeigewirt doch so richtig: »60 Prozent der Bierqualität kommen vom Wirt.«

SPATENHAUS AN DER OPER

MÜNCHEN

Residenzstraße 12
80333 München
Tel. 0 89/ 2 90 70 60

ÖFFNUNGSZEITEN
Täglich von 9.30 bis 0.30 Uhr,
bis 11 Uhr Weißwürste und Leberkäs,
warme Küche von 11 bis 23.30 Uhr,
die Opernstuben im ersten Stock sind mittags und abends geöffnet.
80 Plätze im Erdgeschoss,
150 im ersten Stock, auf vier Stuben verteilt.

SPEZIALITÄTEN
1/2 Kronenente aus dem Mangfalltal, Würste aus eigener Metzgerei,
kälberne Fleischpflanzl, hausgemachte Mehlspeisen;
Spaten-Biere.
Preislage: gehoben.

KÜCHE
★★★

AMBIENTE
★★★★

B ei der Ente ist die Herkunft des Wichtigste.« Johann Fußeder, Küchenchef im Spatenhaus, stellt seine Kochkunst bescheiden in den Hintergrund. Als gebürtiger Niederbayer kommt er aus einer Gegend, wo seit jeher ausgezeichnetes Geflügel gezüchtet wird. Doch hat er nach jahrelangem Suchen einen Lieferanten in Oberbayern gefunden, der seinen hohen Ansprüchen voll gerecht wird. Eckart von Luttitz, der »Entenbaron«, züchtet im Mangfalltal auf einem vorbildlichen Anwesen in ländlicher Idylle die Wasservögel so, wie Fußeder es sich wünscht: artgerecht in Freilandhaltung, langsam gemästet, so

Qualitätsfanatiker: Johann Fußeder mit seiner gebratenen Ente

dass Fleisch und Fett in einem gesunden und ausgewogenen Verhältnis stehen.

»Das schmeckt halt nach Ente«, schwärmt Fußeder, »nicht so wie diese hochgezüchteten Billig-Vögel, die oft nur noch wie ein dünnes Hendl daherkommen.« Doch auch der Koch muss das seine dazutun, damit die Ente so sensationell schmeckt wie im Spatenhaus. Hier wird sie nicht gegrillt, sondern zusammen mit Gemüse im Rohr gebraten und mit Brühe abgelöscht. Immer wieder wird der Vogel übergossen, und wenn er gar ist, wird er nochmal kurz in frischer Butter gebraten, um die Haut perfekt zu bräunen.

So umschifft die Küche gekonnt die Klippen der Entenzubereitung. Wird sie nämlich am Spieß gegrillt, bekommt man zwar eine knusprige Haut, aber oft trocknet das Fleisch zu sehr aus, außerdem ist bei der Soße Fehlanzeige. Nur im Rohr gebraten bleibt das Fleisch zwar saftig, aber die Haut wird ledrig und zäh.

An der Spatenhaus-Ente stimmt dagegen alles: Die Haut ist knusprig, aber nicht zu salzig. Das Fleisch ist zart und saftig, dabei kräftig im Geschmack. Und, das hat besonderen Seltenheitswert, eine echte Soße, die beim Braten in der Reine entstanden ist. Als Beilagen werden ganz klassisch hausgemachtes Apfelblaukraut und Kartoffelknödel gereicht.

Doris und Roland Kuffler, die Spatenhaus-Betreiber

Seine Ente machte Fußeder auch vor fünf Jahren, als er im Bangkok Oriental, einem der renommiertesten Hotels der Welt, bei der »Spatenhaus-Woche« kochte. »Die Enten waren etwas kleiner und magerer als hier, aber gute Ware. Nur mit den Kartoffelknödeln haben wir ganz schön lange gebraucht, bis wir das bei den hohen Temperaturen und der enormen Luftfeuchtigkeit hinbekommen haben.« Aber sein Gastspiel wurde ein Riesenerfolg, Ente auf bayerisch der ganz große Renner.

40 bis 50 halbe Enten verkauft das Spatenhaus an der Oper jeden Tag – und das nicht ganz billig. Aber zum einen liegt das Spatenhaus an einer der teuersten Meilen der Stadt, der Blick auf das Nationaltheater ist unbezahlbar, und zum anderen: So eine g'schmackige

Ente gibt's halt sonst nirgends in München. Das alles zusammengenommen, ist der Vogel seinen Preis mehr als wert.

Die Ente ist ein Paradestück aus dem Spatenhaus, das von Doris und Roland Kuffler betrieben wird, doch auch die anderen Spezialitäten von der großen Speisekarte können sich sehen und schmecken lassen. Ein Querschnitt durch die gehobene bayerische Küche, vom Schweinsbraten über Spanferkel aus dem Ofen über Wild in allen Varianten bis zu Fisch und den verschiedenen Mehlspeisen aus Niederbayern, der Heimat des Küchenchefs. Das Essen ist stets sorgfältig in klassischer Handarbeit zubereitet, inklusive dem Kartoffelsalat, der, wie es sich gehört, frisch gemacht und lauwarm serviert wird.

Im ersten Stock befinden sich ruhige Stüberl

HAXNBAUER
IM SCHOLASTIKAHAUS
& AM PLATZL

MÜNCHEN

Haxnbauer im Scholastikahaus
Sparkassenstraße 8
80331 München
Tel. 0 89/29 16 21 00

Haxnbauer am Platzl
Münzstraße 8
80331 München
Tel. 0 89/29 16 21 00

ÖFFNUNGSZEITEN
Im Scholastikahaus
täglich von 11 bis 24 Uhr. 240 Plätze.

Am Platzl
täglich von 17 bis 24 Uhr.
Sonn- und Feiertag geschlossen. 240 Plätze.

SPEZIALITÄTEN
Schweins- uns Kalbshaxn, Haxn-Gröstl, Tafelspitz, Rinderlendensteak,
flambierte Apfelkücherl; Dinkelacker-Biere. Preislage: mittel bis gehoben.

KÜCHE
★★

AMBIENTE
★★★

MÜNCHEN

Schon von der Straße aus gesehen sind diese Haxn eine Attraktion: Der Blick durch das Schaufenster auf den Holzkohlengrill vom Haxnbauer in der Sparkassenstraße gehört zum Programm der Münchner Fremdenführer. Fasziniert, ungläubig, manchmal voller Respekt schauen Japaner, Amerikaner oder Schweden auf die üppigen Fleischportionen, die sanft an dem hohen Holzkohlengrill garen.

Auf dem Teller sind sie erst recht eine Reise wert. Zart und saftig die Kalbshaxn, die mit Kartoffelknödeln und Salat serviert werden, würzig mit rescher Kruste die Schweinshaxn, die ganz klassisch mit

Der Haxnbauer gehört zum Programm einer Stadtführung

Sauerkraut und Kartoffelpüree auf den Teller kommen. Das Sauerkraut kommt aus der Pfalz, der Heimat von Roland Kuffler, der den Haxnbauer zusammen mit seinem ältesten Sohn Stepfan betreibt.

Besonders rustikal sind die halbe Schweinshaxn am Knochen (mit Speckkrautsalat) und natürlich ganze Haxn, die nach Gewicht verkauft werden und ganze Familien glücklich machen können.

So viel Fleisch mag man natürlich nur essen, wenn die Qualität auch wirklich stimmt. Und dafür wird beim Haxnbauer alles getan: Das Fleisch kommt aus Bayern, das Schwein sogar ausschließlich von bewährten Züchtern aus dem Münchner Umland. In der hauseigenen Metzgerei werden die Haxn abgeflämmt, gewürzt und für den Grill vorbereitet.

Die Schweinshaxn werden am Vorabend mit einer speziellen Gewürzmischung eingerieben, und am nächsten Tag in der Früh von den Köchen zeitlich gestaffelt nacheinander auf den Spieß gesteckt. Nur bei genauer Arbeit ist gewährleistet, dass immer frische Haxn zur Verfügung stehen.

Bei den Kalbshaxn ist der Aufwand sogar noch ein bisschen größer: Die werden rund eine Stunde bei 150 Grad im Ofen vorgegart, um dann über Holzkohle gegrillt zu werden. Das Ergebnis ist so zart und bekömmlich, dass einzelne Gäste sogar eine ganze Haxe packen.

Diese Haxn sind wirklich eine Schau

Im Scholastikahaus sitzen die Gäste an großen Tischen unter historischen Stuckdecken, die bei der aufwändigen Renovierung 1996 freigelegt und mühevoll restauriert worden sind. Mit ebenso viel Mühe gelang es der Betreiberfamilie Kuffler, den Haxnbauer wieder zu einem gepflegten Altmünchner Stadtlokal zu machen, wie es um die Jahrhundertwende schon mal eines war. Ums Eck, in der Dependance am Platzl, sitzt man in verschiedenen Stuben, in denen rustikales Holz dominiert.

Aber egal ob da oder dort, die Haxn suchen weit und breit ihresgleichen, weshalb die Gäste buchstäblich von überall aus der Welt kommen. Hier gilt das gute, alte bayerische Motto: »S' beste G'mias ist halt doch as Fleisch.«

GASTHAUS-BAYERISCH
Ein kleiner Sprachführer

Auszog'ne:	Schmalznudel
Banzen:	Fass
Brennsuppn:	Suppe aus Mehlschwitze
Böfflamott:	Bœuf à la mode, geschmorter Rinderbraten
Bräu:	Brauereibesitzer
Brand:	Durst
Erdäpfel:	Kartoffeln
Fleischpflanzerl:	Bulette, Frikadelle
Gangerl:	Zwischengericht bei Alfons Schuhbeck
Gelbe Ruam:	Möhre, Karotte
G'röstl:	Reste-Essen auf Basis von Bratkartoffeln
G'selchts:	Geräuchertes
g'wampert:	übergewichtig
Holler:	Holunder
Kletz'nbrot:	Früchtebrot, früher bevorzugt aus getrockneten Birnen (Kletz'n) gemacht
Kracherl:	Zitronenlimonade
Lebzelten:	Lebkuchen, Honigkuchen
Maurer-Weckerl:	Roggensemmel mit Kümmel
Noagerl:	Rest im Bierkrug
Obazda:	angemachter reifer Weichkäse
Radi:	Rettich
Rannen:	Rote Rüben, Rote Bete
Reherl:	Pfifferlinge
Reiberdatschi:	Kartoffelpuffer
Schmankerl:	Leckerbissen, Spezialität
Schwammerl:	Pilze
Surhaxn:	Eisbein
Waller:	Wels
Weckerl:	Semmel, Brötchen
Vogerlsalat:	Feldsalat, Rapunzel
Zuagroaster:	Zugezogener

WEISSES BRÄUHAUS

MÜNCHEN

Tal 7
80331 München
Tel. 0 89 / 29 98 75

ÖFFNUNGSZEITEN
Täglich von 8 bis 24 Uhr,
warme Küche von 11 bis 23 Uhr,
Wurstküche und Kronfleischküche von 8 bis 23.30 Uhr.
1000 Plätze.

SPEZIALITÄTEN
Münchner Voressen (gemischte Innereien von Rind und Kalb
mit Semmelknödel), gesottenes Kalbskron,
Kälberfüße gebacken oder gesotten, Kesselfleisch,
verschiedene Braten von Kalb, Rind und Schwein,
hausgemachte Nudelgerichte;
Schneider Weißbiere.
Preislage: mittel.

KÜCHE ★★★   AMBIENTE ★★

MÜNCHEN

Die Münchner Kronfleischküche ist ein Mythos. Ihren Anfang nahm sie in den tiefen Kellern neben der heutigen Sparkassenstraße. Dort wurden die schnell verderblichen schlachtfrischen Teile von Schweinen, Rindern und Kälbern in großen Kesseln gekocht. Das waren vor allem Innereien, und auch das namensgebende Kronfleisch, das Zwerchfell von Rind oder Schwein.

Diese in der bürgerlichen Küche weniger begehrten Teile wurden bis zur Schließung der letzten Kronfleischküche 1955 von weniger betuchten Münchnern und speziell von den Metzgerlehrlingen gegessen. Das »Burschenfleisch« war zugleich eine beliebte Zwischenmahlzeit am Vormittag, bevor die Würste dem »Voressen« den Rang abliefen.

Die Tradition der Kronfleischküche ließ Christian Döbler fast am Ort ihres Ursprungs im Jahr 1988 wieder auferstehen, als er das Weiße Bräuhaus im Tal übernahm und die traditionellen Schmankerl wieder intensiv pflegte.

Natürlich kannte man in München noch ein saures Lüngerl, aber das war in erster Linie sauer und sorgte verstärkt dafür, dass Innereien im Ansehen ganz unten standen.

Döbler gelang es mit viel Fleiß und Genauigkeit, aus Innereien wieder gefragte Delikatessen zu machen, für die sogar Feinschmecker einmal die Sterneküche sausen lassen. Sein »Münchner Voressen«, gemischte Innereien von Rind und Kalb, ist leicht süßsauer abgeschmeckt und ganz fein mit Nelken gewürzt. Auch das Kalbslüngerl kommt nicht so sauer daher wie seine ordinären Verwandten.

Auf die übertriebene Essigzugabe kann Döbler verzichten, weil er seine gesamte Innereien-Palette immer ganz frisch zubereitet. Eingekauft wird beim Landshuter Schlachthof. »In Landshut wird aus-

Das Weiße Bräuhaus im Tal ist eine Adresse mit Tradition

schließlich und garantiert bayerisches Vieh geschlachtet und wirklich sorgfältig gearbeitet«, erklärt der Wirt und Küchenchef den beträchtlichen Aufwand.

So einen Aufwand braucht es halt bei heikleren Fleischteilen, die anderswo achtlos weggeworfen werden. »Und der Wirt braucht auch das Rückgrat, das, was er am Abend nicht verkauft hat, tatsächlich wegzuwerfen«, so Döbler. Einen Innereienspieß, ein Lüngerl, ein Kalbsherz oder ein Kalbskron aufzuwärmen, wäre für ihn eine Todsünde.

Döbler hat als 16-Jähriger als Spüler bei Richard Süßmeier seine ersten Erfahrungen in der Gastronomie gemacht. Und die ließ ihn nicht mehr los. Trotz abgeschlossener Banklehre zog es ihn ganz bald in die Küche.

Zusammen mit seinem Lehrmeister Süßmeier leitete er den Spöckmeier. Im Straubinger Hof, den er auch im Fahrwasser von Süßmeier übernahm, wurde er sogar mit einem Michelin-Stern für seine gelungene Regionalküche ausgezeichnet.

Das Weiße Bräuhaus, das Stammhaus der Weißbierbrauerei Schneider, die ihre Produktion nach dem Zweiten Weltkrieg ins niederbayerische Kelheim verlagerte, ist mit seinen 1000 Plätzen für einen so ambitionierten Wirt eine große Herausforderung. Döbler stellt sich ihr jeden Tag von Neuem. Von früh bis spät ist er auf den Beinen und zwischen den Gaststuben und der Küche unterwegs.

Innereienküche auf höchstem Niveau: Christian Döbler, Wirt und Küchenchef

Qualität steht und fällt für den quirligen Döbler mit der Frische der Waren. Sogar die Nudeln für die Suppeneinlage werden im Haus frisch gemacht, Konserven oder Tiefkühlware sucht man im Weißen Bräuhaus vergeblich. Und ganz wichtig ist für ihn, dass sein Wirtshaus seine eigene Metzgerei hat – wie es vor über 100 Jahren in München noch die Regel war.

HAUSBRAUEREIEN

Naturtrüb, frisch aus dem Keller ins Glas, auch das gibt's in München. Zwei Gasthausbrauereien innerhalb der Stadtgrenzen bieten dieses besonders individuelle Biererlebnis. Zum einen das Unionsbräu in Haidhausen, wo schon vor über 100 Jahren Bier gebraut wurde, bis die Brauerei im Löwenbräu aufging. Wiesn-Wirt Wiggerl Hagn nahm die Brautradition an dieser geschichtsträchtigen Adresse wieder auf. Mit Gerste aus biologischem Anbau und Spitzenhopfen aus Tettnang wird hier quasi vor den Augen der Gäste das unfiltrierte Kellerbier gebraut, das in Holzfassbottichen gärt, bevor es nach der Reifung in dem urigen Gasthaus ausgeschenkt wird. Dazu gibt's bayerische Schmankerl wie Braten und Haxen.

Auf dem Areal der früheren Thomass-Brauerei, die seit 1928 zu Paulaner gehört, wird seit 1988 wieder Bier gebraut. In den historischen Mauern am Kapuzinerplatz gibt es unfiltriertes Helles und naturtrübes Weißbier, die beide frisch und dem ganz besonderen Hausgeschmack entsprechend ins Glas kommen. Dazu gibt's an den langen Tischen bayerische Schmankerl.

UNIONSBRÄU
Einsteinstraße 42
81675 München
Tel. 0 89/47 76 77
Täglich von 11 bis 1 Uhr,
Braukeller ab 16 Uhr.

PAULANER-BRÄUHAUS
Kapuzinerplatz 5
80337 München
Tel. 0 89/5 44 61 10
Täglich von 9 bis 1 Uhr.

GASSNER
DER METZGER- UND GASTRO-MARKT MIT MARKTSTÜBERL

MÜNCHEN

Zenettistraße 11 (im Viehhof)
80337 München
Tel. 0 89/7 46 14 10

ÖFFNUNGSZEITEN
Marktstüberl
Montag bis Freitag 6 bis 14 Uhr.
60 Plätze.

SPEZIALITÄTEN
Wiener Würstl, Brühpolnische mit Kraut, Pfefferbeißer mit Kraut, Weißwürste, Schweinsbraten mit Knödel, saures Haxerl; Augustiner-Biere.
Preislage: günstig.

KÜCHE ★★   AMBIENTE ★★

MÜNCHEN

Frische Würste gehören zur bayerischen Brotzeit wie das Glockenläuten zum Sonntag. Bei einem knackigen Wiener Würstl werden beim Münchner Kindheitserinnerungen wach.

Bei Berti und Andy Gaßner schmecken die Würste wie früher. Fleischig und doch zart, und vor allem haben sie Geschmack. Immer wieder erzielen Vater und Sohn mit ihren Parade-Würsten bei Verkostungen die besten Ergebnisse. Verkaufsraum und Stüberl ihres Metzger- und Gastromarktes sind geradezu tapeziert mit Urkunden und Auszeichnungen. Die Gaßners beliefern Münchner Gasthäuser und Metzgerei-Geschäfte, dazu Feinkostläden in ganz Deutschland. Und nicht zuletzt ihr Marktstüberl, wo ab sechs Uhr in der Früh die Würste zur Brotzeit auf den Tisch kommen: leicht geräucherte Wiener, kräftige Brühpolnische und flaumige Weißwürste – alles selbstverständlich tagfrisch.

Seit 1992, als der Gaßnersche Betrieb von Schwabing in die ehemalige Kälberhalle des Schlachthofes übersiedelte, gibt es in dem kleinen Gasthaus auch noch eine Mittagsküche mit Schweinsbraten, sauren Haxerln und anderen Münchner Spezialitäten.

Kaum jemand würde in diesem versteckten Winkel schräg hinter dem Hauptgebäude des Schlachthofes so eine Urzelle der Schmankerl-Kultur vermuten.

Im Laden lockt ein großes Sortiment

Viele echte Münchner, die beruflich in der Großmarkthalle zu tun haben oder deren Leidenschaft einfach unverfälschte Schmankerl sind, kommen hier auf ein kräftiges Gabelfrühstück oder ein reelles Mittagessen vorbei.

Die preiswerte und gute Qualität hat sich herumgesprochen und so sitzen vom Arbeiter bis zum Schauspieler und den Anwohnern aus dem Schlachthof-Viertel die Leute gemütlich in der Stube und lassen sich die unverfälschte Küche schmecken.

Die Qualität ist unbestritten auf höchstem Niveau und die Lage einmalig animierend. In die Zenettistraße locken Feinkost-Niederreuter, Atlantik Fisch und der Italien-Spezialist Monti Gastronomen und Feinkost-Profis aus der ganzen Stadt. Hier wird probiert, geplauscht und so mancher neue Liefervertrag fixiert.

Die Lage hat noch einen ganz besonderen Vorteil: »Die Frische ist unser ganz großes Kapital«, erläutert Berti Gaßner. »Hier sitzen wir an der Quelle für frisches Fleisch. Und wir können die ganze Stadt mit tagfrischer Ware beliefern.«

Andy und Berti Gaßner mit ihrer Wurst-Parade

Ab fünf Uhr in der Früh orgeln die Kutter (Fleischzerkleinerungsmaschinen) und erzeugen den Fleischteig für Wiener, Leberkäs, Pfälzer, Weißwürste und die ganze Palette der bayerischen Wurstmacherkunst. Das größte Gerät nennt Berti Gaßner augenzwinkernd »unseren Leopard 2«.

Mehrere Zentner frischester Ware werden ab sechs Uhr brüh- und räucherfrisch an die vielen Abnehmer in der Stadt ausgeliefert. Auch renommierte Metzgereien bestücken ihr Sortiment mit Gaßnerschen Produkten. Der nördlichste Weißwurstkunde, die »Strandsauna List«, sitzt sogar auf Sylt. Dieser genau 1000 Kilomer entfernte Abnehmer wird über Nacht per Kühlspedition beliefert. Zehn Sorten heiß geräucherter und fünf Sorten roher geräucherter Schinken gehören eben-

MÜNCHEN

falls zur Angebotspalette. Geschätzt werden die Schinken wegen ihrer Saftigkeit und ihrem dabei milden Geschmack. »Wir achten auf eine möglichst schonende und natürliche Zubereitung unserer Ware«, so Andy Gaßner, der wie auch sein Vater so gar nicht aussieht, wie man sich einen Metzger vorstellt. Beide sind sportlich und haben vor allem auf dem Fahrrad eine enorme Ausdauer. Andy macht sogar regelmäßig harte Alpenüberquerungen.

Von den Gaßners kann man lernen, wie Tradition und Moderne in Einklang gebracht werden, wie Betriebe erfolgreich über Generationen bestehen können, wenn sie sich dem Wandel stellen. Frühzeitig hat Berti Gaßner seinen Sohn Andy in die Firmenleitung eingebunden, ihn auch an zukunfsträchtigen Entscheidungen beteiligt.

Vater und Sohn Gaßner halten je 45 Prozent der Firma, die restlichen zehn Prozent liegen bei der Mama. Berti Gaßner: »Wenn wir zwei uns nicht einig sind, muss die Mama FDP spielen.« Das kommt so oft nicht vor, denn eine Erkenntnis schweißt die beiden Männer zusammen: Was zählt, sind Geschmack und Qualität.

Fröhliche Genießer im Marktstüberl

BRAUNAUER HOF

MÜNCHEN

Frauenstraße 42
80469 München
Tel. 0 89 / 22 36 13

ÖFFNUNGSZEITEN
Montag bis Samstag 9 bis 24 Uhr,
Küche 11.30 bis 23 Uhr,
Sonn- und Feiertag geschlossen.
150 Plätze im Lokal, 300 im Garten.

SPEZIALITÄTEN
Forelle blau mit zerlassener Butter und Salzkartoffeln,
Renke Müllerin mit Salatplatte, Saibling in Butter gebraten,
Schweinsbraten, Tellerfleisch, Kalbskopf,
Palatschinken, hausgemachte Kuchen;
Paulaner-Biere.
Preislage: mittel.

KÜCHE
★★★

AMBIENTE
★★

Wer sagt, dass Münchner Wirtshausköche nicht mit Fisch umgehen können? Dann aber gleich in den Braunauer Hof, dort wird man ganz schnell eines Besseren belehrt. Seit vielen Jahren pflegt hier Rudi Plabst vor allem die Süßwasserfische, die ja in der Münchner Region in großer Vielfalt vorkommen.

Ob Forelle blau oder in Butter gebratener Saibling oder – in den kühleren Monaten – Karpfen gebacken – im Braunauer Hof werden alle Varianten der klassisch-bürgerlichen Fischküche gekonnt zubereitet. Immer ist der Fisch saftig, und immer kommt sein Eigengeschmack zur Geltung.

»Das Wichtigste ist, dass der Fisch immer ganz frisch ist«, erklärt Rudi Plabst. Seine Seerenken bezieht er seit Jahren von der Fischerei Schneider aus Starnberg, die übrigen Fische täglich von Fisch Mayer am Viktualienmarkt. »Da kann ich schnell jemanden hinunterschicken und nachkaufen lassen, wenn was ausgehen sollte.« Die Nähe zum Viktualienmarkt ist besser für die Küche als jeder Kühlschrank, sei er noch so groß.

Plabst wurde durch die »Hamburger Fischküche«, die vor 30 Jahren gleich ums Eck vor allem gebackenen Fisch in Riesenportionen zu zivilen Preisen unters Münchner Volk brachte, angespornt, seine eigene Fischküche zu perfektionieren. Als Gegengewicht setzte Plabst auf Forelle, Waller und Co. Die Gäste dankten es, die Hamburger Fischküche ist Geschichte, der Braunauer Hof hat Zukunft. Denn die Erkenntnis, dass Fisch bekömmlich und gesund ist, hat sich mehr und mehr durchgesetzt. So kann man echte Münchner Küche genießen, ohne dass die Waage rebelliert.

Doch auch die ganze Palette anderer bayerischer Schmankerl braucht sich im Braunauer Hof nicht zu verstecken. Ordentliches Tellerfleisch, saftiger Schweinsbraten mit Knödeln, viele Mehlspeisen. Hier kommt jeder auf seine Kosten. Täglich frisch gemacht wird der Kartoffelsalat und natürlich sind auch die Kuchen hausgemacht, die es zum Kaffee gibt.

Seit 50 Jahren betreibt die Familie Plabst den Braunauer Hof, der seinen Namen von den Salzhändlern aus Braunau erhielt, die hier traditionell Station machten. Noch heute hat das Haus im ersten Stock mehrere Fremdenzimmer, fast wie in einem Dorfwirtshaus anno dazumal, und das mitten in der Großstadt München.

Rudi Plabst wollte zunächst keinesfalls ein eigenes Wirtshaus. Er lernte Konditor im Café Feldherrnhalle und arbeitete als Koch im Hotel Deutscher Kaiser. Mit dem elterlichen Wirtshaus hatte er gar nichts am Hut.

Doch als es in der Ehe seiner Eltern schwer kriselte, bat ihn seine Mutter, die Küche zu übernehmen, um den Betrieb in der Familie halten zu können. Brav wie er war, stellte er sich in die Küche in der Frauenstraße. Seitdem gibt's vor allem am Freitag auch die diversen Mehlspeisen.

Rudi Plabst versteht sich auf Fischküche

Die Ehe der Eltern kam wieder ins Lot, Rudi blieb trotzdem. 1975 übernahm er dann den Braunauer Hof komplett von den Eltern und leitet ihn heute zusammen mit seiner Frau Burgi.

Sie kümmert sich vor allllem um den Service und um die Fremdenzimmer. »Sie sperrt in der Früh auf, ich sperr' am Abend zu. Das ist unsere Art von Schichtarbeit. Wir sind schon froh, dass wir zusammen am Tisch sitzen und essen können«, erklärt Plabst den arbeitsreichen Tagesablauf seiner Wirtsfamilie. Gemeinsam essen, da wird dann auch über die Qualität des Angebots diskutiert, vielleicht ist auch das ein Geheimnis einer beständig guten Wirtshausküche.

DER KNÖDEL, EIN UR-BAYER

Knödel sind typisch für die alpenländische Küche. Man geht davon aus, dass der runde Sattmacher seinen Siegeszug von Bayern aus antrat. Mit den bajuwarischen Siedlern zog er über die Alpen bis nach Südtirol. Ein Fresko aus dem 12. Jahrhundert in der Burg Hocheppan zeigt eine Magd, die Knödel bereitet und einen probiert.

Die älteste Form ist wahrscheinlich ein Mehl- oder Brotknödel, der Ur-Urgroßvater des Semmelknödels. Das jüngste Kind in der Knödelfamilie ist der in ganz Deutschland verbreitete Kartoffelknödel. In Norddeutschland werden »Klöße« aus gekochten Kartoffeln, im Süden Knödel aus rohen geriebenen Kartoffeln bevorzugt. Erst mit der Verbreitung der Kartoffel vor rund 200 Jahren hielten die Kartoffelknödel Einzug in die Küchen.

Zu dieser Zeit hatten sich in Österreich, Ungarn, Böhmen und Bayern regionale Knödelspezialitäten vom Leberknödel, der meist eine Suppeneinlage ist, bis zum süßen Germ-Knödel mit Powidl (Hefe-Knödel mit Pflaumenmus) herausgebildet.

In Bayern wurde der Knödel im Lauf der letzten Jahrzehnte oft zum Soßenschlucker, zur Beilage zum gebratenen Fleisch degradiert. Abgesehen von Leberknödeln in der Suppe und süßen Zwetschgen-Knödeln gibt es hauptsächlich Semmel- und Kartoffelknödel, selten einmal Serviettenknödel aus Hefeteig.

In der Regel kommt der Teig für Kartoffelknödel heute vorgefertigt in die Gasthausküche. Ein Koch, der's gut meint, gibt noch ein paar geröstete Weißbrotwürfel in den Teig. Fast schon verständlich: Wer Kartoffelknödel noch selbst reibt, ist häufig mit Reklamationen konfrontiert: Manche Gäste stören sich an der nicht makellos weißen Farbe und der ungewohnt rauen Konsistenz.

Besser geht's da dem vielseitigeren Semmelknödel, der ein wahre Renaissance erlebt, da er nicht so auf Fleisch fixiert ist. Er wird auch zu Rahmschwammerln gereicht, er gehört in ein saures Lüngerl und in Scheiben geschnitten werden übrig gebliebene Semmelknödel mit einer Essigmarinade serviert. Abgebräunt und mit Ei ergeben geröstete Knödel ein vollwertiges Essen.

GASTSTÄTTE GROSSMARKTHALLE

MÜNCHEN

Kochelseestraße 13
81371 München
Tel. 0 89/76 45 31

ÖFFNUNGSZEITEN
Montag bis Freitag 7 bis 17 Uhr,
warme Küche von 11 bis 15.30 Uhr,
Samstag von 7 bis 13 Uhr.
300 Plätze plus Garten vor dem Haus.

SPEZIALITÄTEN
Weißwürste, Kalbsbratwürste, Schweinswürstl, Wollwürste, Briesmilzwurst, alles aus hauseigener Metzgerei, Schweinsbraten, Kalbsbeuscherl, Kaiserschmarrn;
Paulaner-Biere.
Preislage: günstig.

KÜCHE ★★　　　AMBIENTE ★★

MÜNCHEN

Als »Königin im Wurstrevier« besingt Herbert Schneider die Münchner Weißwurst. Und die Könige im Weißwurstrevier sind die Wallners. In ihrer Gaststätte Großmarkthalle gibt's die Münchner Weißwurst in Vollendung. Und die braucht Erfahrung, viel Fleiß und viel Genauigkeit.

In der Früh um sechs steht Ludwig Wallner im Untergeschoss in der Metzgerei und wurstet und brüht seine Legende. In die penibel gereinigten Schweinsdärme kommen mageres Kalbfleisch, frischer Rippenspeck vom Schwein, gekochte zerkleinerte Schwarten (das so

G'standene Münchner Bedienungen in der Großmarkthalle

genannte Häutelwerk), frische Petersilie und Zwiebel, Gewürze und zerstoßenes Eis.

Was Wallners Weißwürste so besonders macht? »Wir verwenden nur mageres Kalbfleisch, das macht die Wurst insgesamt leichter und flaumiger, und sie klebt nicht am Gaumen«, so der 31-jährige Metzgermeister. Letzterer Effekt stellt sich sonst oft schon nach Verzehr der zweiten Wurst ein.

Doch das ist noch lange nicht alles. Oben in der Gaststätte wacht Wallners Schwester Gabi Walter über das weitere Schicksal der Würste. Die kommen abgekühlt in die Wirtshausküche, und jeder Gast bekommt seine Bestellung eigens erhitzt. Deshalb dauert es auch zehn Minuten, bis die Schüsselchen mit den zarten Kälbernen im heißen

Wasser auf den Tisch kommen, dazu gibt's den berühmten Händlmaier-Senf und frisch gebackene Brezen.

»Sie darf nicht zu lange im Wasser schwimmen, sonst laugt sie aus, und dann ist die beste Wurst verloren, 15 Minuten sind das absolute Limit«, erklärt Gabi Walter, die eine kaufmännische Ausbildung absolvierte und in der Industrie arbeitete, bevor sie in den elterlichen Betrieb einstieg.

Die Weißwurst gibt es hier auch noch nach dem Zwölf-Uhr-Läuten. Dieser Mythos stammt aus einer Zeit, als Würste noch aus

Die Gaststube ist ein beliebter Treff für einen Frühschoppen

schlachtwarmem Fleisch bereitet wurden und direkt vor dem Verzehr zum ersten Mal gebrüht wurden. Diese Würste waren natürlich schneller verderblich. Die Münchner Wirte pflegen diesen Mythos trotzdem gern weiter, schließlich wollen sie ja lieber volle Mittagessen verkaufen.

Seit Anfang 1999 leiten Gabi Walter und Ludwig Wallner die Gaststätte gemeinsam, nachdem ihre Eltern Heinz und Luise 31 Jahre die Geschicke der Traditionsgaststätte am Eingang zum Bauch von München bestimmt hatten. Die Eltern hatten die Arbeit genauso aufgeteilt – Luise arbeitete im Gasthaus, Heinz machte die legendären Weißwürste und noch mehr. Bei ihm lernten auch Rudi Färber (Beim Sedlmayr) und Christian Döbler (Weisses Bräuhaus) das Metzgerhandwerk. Beide beziehen von Sohn Ludwig ihre Weißwürste.

Die Weißwürste kann man in der »Großmarkthalle« auch für zu Hause kaufen. Der Straßenverkauf findet direkt ab Küche statt.

In der großen holzgetäfelten Gaststube mischt sich ganz München. Ab sieben Uhr kommen zuerst Einkäufer und Händler von der Großmarkthalle, bis sich am Vormittag und mittags eine bunte Mischung vom Notar bis zum Pensionär aus der Nachbarschaft in ungezwungener Runde zusammenfindet.

Hier genießen sie dann neben den anderen hausgemachten Wurstspezialitäten auch eine ehrliche Wirtshausküche mit Schmankerln wie dem Schweinsbraten. Die Kartoffelknödel dazu sind handgerieben, und das ist fast noch seltener als eine wirklich gute Weißwurst.

RESTAURANT HALALI

MÜNCHEN

Schönfeldstraße 22
80539 München
Tel. 0 89/28 59 09

ÖFFNUNGSZEITEN
Montag bis Freitag 12 bis 15 Uhr und 18 bis 1 Uhr,
Küche von 12 bis 14 Uhr und 18 bis 22 Uhr,
Samstag von 18 bis 1 Uhr,
Küche bis 22 Uhr.
55 Plätze, Reservierung empfohlen.

SPEZIALITÄTEN
Wild nach Saison:
Fasanenbrust auf mildem Weinkraut mit Morchelsauce und Kartoffelpüree,
Medaillons vom Hirschkalb mit Pilzen in Wacholderrahmsauce,
Hase, Rebhuhn, Ente, Lamm in verschiedenen Variationen,
hausgemachte Blutwurst auf Reiberdatschi mit Apfelragout und Meerrettich,
hausgemachte Desserts aller Art;
Weinkarte mit ungewöhnlich vielen deutschen Spitzen-Rotweinen,
Spaten-Biere.
Preislage: gehoben.

KÜCHE ★★★★   AMBIENTE ★★★

MÜNCHEN

„Der Herbst ist eine wundervolle Zeit." Hans Mair, Küchenchef und Wirt im Halali, kommt aus dem Schwärmen gar nicht mehr heraus. »Es gibt Pilze, Kürbis, das beste Geflügel und natürlich Wild.« Und mit dem hat es der Wirt und Küchenchef vom Halali ganz besonders. Bis zur Jahrhundertwende brachten die Jäger, die den Englischen Garten bejagten, ihr Wild hierher an die heutige Schönfeldstraße.

Zu ihrer Strecke gehörten damals auch noch Fasane, die Könige unter den Wildvögeln. Der Fasan war die Krönung einer festlichen Tafel am Hofe. Zuerst mussten die adeligen Jäger ihr Geschick beweisen, dann die Köche, denn der Fasan gehört zum Empfindlichsten, was Wald und Flur zu bieten hat.

»Ein wenig zu viel Hitze, und das Fleisch wird sofort trocken und zäh«, erklärt Mair, der nach einer Ausbildung zum Konditor das Kochhandwerk bei Käfer erlernte.

Danach arbeitete er zweieinhalb Jahre bei Eckart Witzigmann im Tantris, später als erster Sous-Chef von Heinz Winkler.

Seit 1983 betreibte er das Halali, seit zehn Jahren steht seine Frau Erika an seiner Seite. Die gebürtige Steirerin ist ebenfalls ausgebildete Köchin. Die Einrichtung ist so gediegen wie das Publikum, an den Wänden hängen selbstverständlich Geweihe.

Seinem Konzept ist er von Anfang an treu geblieben: eine gehobene bürgerliche Küche ohne Firlefanz, aber mit besten Zutaten. So nimmt Mair Fasane, Hasen und Rotwild fast ausschließlich aus den Jagden rund um München, die Tiere kommen ungerupft und nicht ausgenommen in die Küche. »Gefrorene Ware kommt mir nicht ins Haus, ich will jedes Stück frisch begutachten können.«

Die Fasanenbrust bereitet er auf die schonendste Art zu: Das zarte Fleisch wird in Butter »poêliert«, das heißt eigentlich ganz leicht gebraten. Schon nach kurzer Zeit kommt die Pfanne vom Feuer, und das Fleisch zieht bei leichter Hitze nur noch gar.

Die weniger empfindlichen, aber auch nicht ganz so feinen Keulen setzt Mair bevorzugt auf die Mittagskarte, auf der ein Drei-Gänge-Menü dann 37 Mark kostet.

Auf Wunsch und Vorbestellung bereitet er abends den Fasan auch im Ganzen zu. Der Vogel wird am Tisch präsentiert und dann tranchiert. Und die Gäste dürfen sich fühlen wie die Könige an ihrer Tafel…

ANDECHSER AM DOM

MÜNCHEN

Weinstraße 7a
80333 München
Tel. 0 89/ 29 84 81

ÖFFNUNGSZEITEN

Täglich von 10 bis 1 Uhr, Brotzeiten von 10 bis 24 Uhr,
warme Küche von 11 bis 23 Uhr.
60 Plätze im Gastraum,
25 Plätze im Domherrenstüberl,
70 Plätze im Garten,
10 Stehtische unter den Arkaden.

SPEZIALITÄTEN

Kälberne Fleischpflanzerl mit Kartoffel-Rucola-Salat,
im Ganzen gebackener kleiner Leberkäs mit Kartoffel-Rucola-Salat,
eingelegter Andechser Bauernkäse mit Schnittlauchbrot,
hausgemachter Obazda;
Andechser Biere.
Preislage: mittel.

KÜCHE ★★★ AMBIENTE ★★★

MÜNCHEN

Der Geist von Eckart Witzigmann schwebt über den Küchen. Nicht nur über Deutschlands Sterne-Läden, in denen seine Schüler den Ton angeben, sondern auch über der verfeinerten Gasthaus-Küche. So auch im Andechser am Dom, wo sich Wirt Sepp Krätz die Anregungen für seine Spezialität geholt hat: Fleischpflanzerl. Eigentlich ein Allerweltsgericht, aber im Andechser werden sie zu einem ganz besonderen Schmankerl. »Wenn man was Gutes reintut, kommt was Gutes raus«, schmunzelt der gelernte Metzger Sepp Krätz und verrät, was alles Gutes drin ist. Das Fleisch ist von der Milchkalbschulter, dazu ein wenig grüner (frischer) Speck, Brot, Eier, viel frische Petersilie, Zwiebeln, Majoran und ein wenig Spinat. Der besondere Clou: In den Fleischteig wird Andechser Fassbutter eingearbeitet, und in solch guter Butter werden die Pflanzerl dann auch gebraten. Außen knusprig, innen zart kommen sie dann mit ein wenig Bratensoße auf den Teller.

200 Portionen gehen an manchen Tagen aus der Küche, und das aus gutem Grund: Zu einem guten Preis bekommt man ein feines Schmankerl, das fast eine komplette Mahlzeit abgibt. Wer größeren Hunger hat, nimmt einfach drei statt zwei Pflanzerl.

Das Kloster Andechs ist nicht nur auf der Speisekarte präsent, von der Wand herab lächeln auch Abt Odilo und Pater Anselm Bilgri, Prior vom Kloster Andechs und damit Chef der Brauerei, die die verschiedenen Bier-Spezialitäten liefert.

Jung und fesch: die Bedienungen vom Andechser am Dom

Mit guter Küche, gutem Bier und angenehmer Atmosphäre hat es der umtriebige Sepp Krätz geschafft, den Andechser zu einer Institution in der Innenstadt zu machen. Wer's gemütlich mag, geht besser mittags oder nachmittags hin. Wenn am Abend das bunte und anspruchsvolle Völkchen hereinstürmt und die ebenso hübschen wie freundlichen Bedienungen alle Hände voll zu tun haben, räumen sogar die Stammtischler das Feld.

NÜRNBERGER BRATWURST GLÖCKL AM DOM

MÜNCHEN

Frauenplatz 9
80331 München
Tel. 0 89/2 91 94 50

ÖFFNUNGSZEITEN
Täglich von 9 bis 1 Uhr,
durchgehend warme Küche.
270 Plätze innen, 250 vor dem Haus.

SPEZIALITÄTEN
Rostbratwürste vom Buchenholzgrill mit Kraut,
Meerrettich oder Kartoffelsalat, Nürnberger Stadtwurst,
gefüllte Kalbsbrust, Apfelschmarrn;
Augustiner Hell aus dem Holzfass.
Preislage: mittel bis gehoben.

KÜCHE ★★   AMBIENTE ★★★

MÜNCHEN

Seit über 100 Jahren glüht neben der Frauenkirche der Buchenholzgrill und seit über 100 Jahren werden darauf die berühmten Rostbratwürste gegrillt. 1893 hatte der Nürnberger Simon Bäumler die Gaststätte am Frauenplatz gepachtet, die er 1896 dann kaufte. Seine Spezialität: Nürnberger Bratwürste, wie er sie aus seiner Heimat kannte.

Sein Ur-Urgroßenkel Michael Beck führt das Lokal in der fünften Generation, und noch immer sind Rostbratwürste vom Grill der ganz große Renner. Beck lässt sie nach dem alten Originalrezept seines Ur-Urgroßvaters von einem Münchner Metzger herstellen. Alle Würste werden frisch gegrillt und dann mit Sauerkraut oder Kartoffelsalat auf Zinntellern serviert. Der Erfolg seiner Würste ist so groß, dass Beck sie in Dosen mit Originaletikett verkauft – mit Hilfe von Lothar Matthäus als Werbeträger. Dazu beliefert Beck als Lizenzgeber Bratwurststände in Münchner Biergärten.

Die dunkel getäfelte Gaststube strahlt die Gemütlichkeit der Jahrhundertwende aus, obwohl die »Bratwurst«, wie sie von Insidern genannt wird, 1945 von Fliegerbomben völlig zerstört wurde. 1949 konnte die Institution nach gewaltigen Neubauanstrengungen wieder eröffnet werden. Und nicht erst seit damals sitzen im Bratwurst Glöckl die Größen aus Münchens Wirtschaft und Politik an den Stammtischen und diskutieren beim Bier vom Holzfass die Geschicke der Stadt. Aber nicht bevor sie sich mit Bratwürsten vom Grill die richtige Grundlage geschaffen haben.

Wirt Michael Beck (2. v. li.) mit seinen Stammgästen

MÜNCHNER HAUPT'

MÜNCHEN

Zielstattstraße 6
81379 München
Tel. 0 89 / 78 69 40

ÖFFNUNGSZEITEN
Täglich von 11 bis 23.30 Uhr,
warme Küche von 11.30 bis 14.30 Uhr und 17.30 bis 22 Uhr.
130 Plätze im Gasthaus und in der Schützenstube,
300 im Festsaal, 70 im Gartensaal,
2500 im Biergarten.

SPEZIALITÄTEN
Edelhirschgulasch mit selbst eingemachten Preiselbeeren und Serviettenknödel,
Kaminpfanne (Warmes Tischbuffet für acht Personen auf Vorbestellung:
Kalbshaxe, Spanferkel, Ente mit verschiedenen Knödeln und Gemüsen),
jeden Dienstag frisches Kesselfleisch, hausgemachte kälberne Briesmilzwurst,
sauer angemachtes Ochsenfleisch;
Kaltenberg-Biere.
Preislage: mittel bis gehoben.

KÜCHE ★★★   AMBIENTE ★★★

MÜNCHEN

Um die Jahrhundertwende war es noch ganz selbstverständlich, dass die Herren der Münchner Gesellschaft in Schützenvereinen organisiert waren. Und die Trennung in Jäger und Sportschützen war noch nicht so klar wie heute, viele Schützen gingen auch auf die Pirsch, ein Privileg des Adels und der Großbürger. Und so landete manches Stück Wild in der Küche der Gaststätte der »Königlich privilegierten Hauptschützengesellschaft München« in der Sendlinger Zielstattstraße. Dort haben die Schützen noch heute ihr prächtiges Hauptquartier mit den Schießständen, dem großen Festsaal, in dem

Wirt Thomas Zeilermeier

eine fünf Meter hohe Kopie von Kaulbachs berühmter Schützenlisl hängt.

Die Gaststätte führt die Familie Zeilermeier, für die Wild auch eine besondere Bedeutung hat: Senior-Chefin Christa ist selbst passionierte Jägerin, und so kann es passieren, dass ein selbst erlegter Hirsch in den Topf kommt. Auch ansonsten kommt das Wild ausschließlich aus bayerischen Jagden.

Für das Edelgulasch verwendet Küchenchef Andreas Martin ausschließlich sehnenfreies Fleisch von der Keule. Das mag manchem verschwenderisch vorkommen, denn normalerweise kommen die weniger wertvollen Teile wie die Schulter in ein Wild-Gulasch. Das sauber ausgelöste Fleisch schmort eineinviertel Stunden in Rotwein und Brühe, dann kommt es aus dem Topf. Die Soße wird noch weiter eingekocht und mit Wildfond verstärkt, bis sie eine besonders intensive Konsistenz hat und regelrecht nach dem dazu servierten Serviettenknödel schreit.

Im Wirtshaus führt Thomas Zeilermeier die Regie. 1999 hat er die Führung der Gaststätte von den Eltern übernommen und von »Schießstätte« in »Münchner Haupt'« umbenannt, als Verbeugung vor den Münchner Schützen. Außerdem klingt der neue Name weit weniger martialisch.

Hier wird Biergarten-Tradition gepflegt

Monatelang wurde der Biergarten neu eingerichtet, eine neue Küche gebaut und der Gartensaal neu gestaltet, von dem man einen schönen Blick auf die ebenfalls neue Terrasse und in die parkartigen Biergarten-Anlage hat.

Königlich nennen sich nicht nur die Schützen, sondern auch die Biere, die seit Jahrzehnten aus der Schlossbrauerei Kaltenberg geliefert werden, die von dem umtriebigen Luitpold Prinz von Bayern betrieben wird.

Die Gäste kommen aus der Sendlinger Nachbarschaft, von den umliegenden Firmen und nicht nur bei schönem Wetter aus ganz München. Und gelegentlich ist auch ein Enkel der Schützenlisl Coletta Möritz dabei.

DIE BAYERISCHE SINNLICHKEIT
*Wie die schöne Coletta
als Schützenlisl weltberühmt wurde*

Die Schützenlisl: Eine fesche Frau im Dirndl, mit keckem Blick und unbeschwert trägt sie neun Bierkrüge. Was wie die Phantasie des Wirtshausbesuchers erscheint, hat ein Vorbild aus Fleisch und Blut. Die Schützenlisl, wie sie Friedrich August Kaulbach festhielt, gab es wirklich: Coletta Möritz, 1860 als uneheliches Kind in Ebenried bei Pöttmes geboren. Als 16-Jährige kam sie »auf Stellung« beim Sterneckerbräu im Tal, wo auch die jungen Künstler der Stadt verkehrten. 1878 sagte Kaulbach: »Madl, i muaß di maln«, und stellte die »schöne Coletta« auf einen Schemel, drückte ihr die Krüge in die Hand und wies sie an, das Bein wie zum Tanzen in die Luft zu schwingen.

Beim Bundesschießen 1881 auf der Theresienwiese schmückte ihr Bild riesengroß das Portal zur »Wirtschaft zur Schützenlisl«. Die Festhalle wird die Hauptattraktion des Fests. Das Bild wurde als erste Münchner Bildpostkarte feilgeboten, sehr zum Ärger von Urheber Kaulbach, der von den Einnahmen keinen Heller sah.

1882 heiratete Coletta den Wirt der »Nordendhalle« und brachte zwölf Kinder zur Welt. Beim nächsten Münchner Bundesschießen der Schützen, 1906, gab es die Wirtschaft »Zur alten Schützenlisl« mit dem Kaulbach-Bild. Mittlerweile zerren jedoch Kinder am Rock von Coletta. Auf einem Fass balanciert die überforderte Frau schon lange nicht mehr.

Die echte Lisl starb 1953. »Nur wir haben noch das Glück, dich in aller Lieblichkeit von damals zu besitzen. Sie ist unsterblich und wird nie vergessen sein«, sprachen die Herren von der Hauptschützengesellschaft an ihrem Grab. In der großen Festhalle der Müncher Haupt' hängt ihr Bild. Über fünf Meter hoch ist das Gemälde mit der Figur, die bayerische Sinnlichkeit verkörpert wie nichts sonst.

BRATWURSTHERZL

MÜNCHEN

Dreifaltigkeitsplatz 1
80331 München
Tel. 0 89/29 51 13

ÖFFNUNGSZEITEN

Montag bis Samstag 10 bis 23 Uhr, Küche bis 21.30 Uhr,
Gerichte vom Rost bis 22.30 Uhr.
Sonn- und Feiertage geschlossen.
160 Plätze innen, 120 vor dem Haus.

SPEZIALITÄTEN

Original Nürnberger Bratwürste vom Bratwursthäusle in Nürnberg
(mit Kartoffelsalat, Sahnemeerrettich oder Weinkraut als Beilage),
Saure Zipfel im Weinsud, Nürnberger Grillfleisch,
Surhaxn, gepökeltes Züngerl, Tellerfleisch;
Hacker Edelhell vom Holzfass.
Preislage: günstig bis mittel.

KÜCHE ★★   AMBIENTE ★★

MÜNCHEN

Das Bratwurstherzl beim Viktualienmarkt kann nicht mit ganz so viel Tradition wie das Bratwurst Glöckl aufwarten. Seit Sommer 1998 führt hier Ralf Behringer das Regiment. Der gebürtige Nürnberger ist der Sohn des Nürnberger Bratwurstkönigs Werner Behringer, der in der Frankenmetropole das Bratwurstglöcklein betreibt.

Sohn Ralf bezieht seine Bratwürste vom Bratwursthäusle in Nürnberg, das ebenfalls zur Familie gehört. Täglich werden sie frisch angeliefert. Diese Originale werden dann ebenfalls über Buchenholz frisch gegrillt. Und noch eine Parallele zum Bratwurst Glöckl: Auch im Bratwurstherzl kommt das Bier aus dem Holzfass, allerdings von Hacker, und erst seitdem sich die Hacker-Brauerei und Michael Beck vom Bratwurst Glöckl überworfen haben.

Wo die Bratwürste besser schmecken, mag nicht einmal Starkoch Alfons Schuhbeck entscheiden. »Beide Würstl schmecken wunderbar, die Glöckl-Würste sind etwas rauchiger, die Herzl-Würste ein bisserl saftiger, und der Majoran, der fränkischen Würsten den typischen Geschmack verleiht, schmeckt bei beiden gut durch.« Also bleibt die Qual der Wahl bei den Gästen.

Die Gaststube im Bratwurstherzl

PAULANER IM TAL

MÜNCHEN

Tal 12
80331 München
Tel. 0 89/ 2 19 94 00

ÖFFNUNGSZEITEN
Täglich von 10 bis 24 Uhr,
Küche bis 23 Uhr.
270 Plätze innen,
120 im Garten im Innenhof.

SPEZIALITÄTEN
Münchner Biergulasch, Schweinsbraten von der Hauswildsau,
Tellerfleisch vom Bio-Rind;
gepflegtes Paulaner Hell aus der Spezial-Schankanlage.
Preislage: mittel.

KÜCHE
★★★

AMBIENTE
★★

MÜNCHEN

Ein Vorzeige-Objekt wollte die Paulaner-Brauerei in ihrem Neubau an der Stelle des früheren Bögner im Tal errichten. Was die Bierkultur betrifft, ist das mit dem Paulaner im Tal durchaus gelungen. Mit Putzi Holenia, einem gelernten Brauer, hat Münchens größte Brauerei einen Experten vor Ort, der es mit der Bierpflege äußerst genau nimmt. Das helle Bier lagert nach Anlieferung erst mehrere Tage in den Containern im Keller. Und erst wenn es zur Ruhe gekommen und noch nachgereift ist, kommt es zum Ausschank. Und auch das nicht einfach so. Ohne Kohlensäuredruck, sondern mit hydraulischen Pumpen wird der Gerstensaft schonend in die Schankanlage befördert und dort mit etwa fünf Grad in die Gläser gefüllt. Einzelne Stammgäste trinken es sogar aus privaten Silberbechern.

Doch was nützt das beste Bier, wenn es keine Grundlage hat. Auch dafür ist im Paulaner im Tal gesorgt. Küchenchef Franz Mühlbauer, der schon in der Emmeramsmühle mit Putzi Holenia zusammenarbeitete, pflegt eine moderne bayerische Küche, indem er sehr auf schonende Zubereitung und Bekömmlichkeit der Gerichte achtet. Mit großer Sorgfalt werden auch die Gemüsebeilagen zu den Fleischgerichten behandelt.

Seit drei Jahren bietet die Speisekarte auch Fleischgerichte aus Bio-Fleisch. Der »Braten von der Hauswildsau« stammt von Schweinen, die der Bio-Bauer Fritz Kratzer in Dorfen züchtet, tatsächlich eine Kreuzung aus Haus- und Wildschweinen, die dort im Stall und auf der Weide leben, und bis auf das Fallobst von den Streuwiesen ausschließlich mit natürlichem Futter von Kratzers Hof ernährt werden.

Paulaner-Wirt Putzi Holenia

Kratzer liefert auch Rindfleisch aus seiner Deutsch-Angus-Zucht, die er seit über 15 Jahren nach den strengen Vorgaben des Naturland-Verbands betreibt. Zum Tellerfleisch vom Kratzer-Rind gibt es dann Salzkartoffeln und Meerrettich-Soße oder einen hausgemachten Kartoffelsalat. Dazu ein gepflegtes Bier, und der Beweis ist wieder einmal erbracht, dass das Einfachste das Beste sein kann.

MÜNCHNER BIERGÄRTEN

Den Münchnern ist ihr Biergarten heilig. Für die Öffnungszeiten bis 23 Uhr fochten sie 1995 sogar die Biergartenrevolution durch. Entstanden sind diese Oasen der sommerlichen Gemütlichkeit im 18. Jahrhundert. Am damaligen Stadtrand begannen die Brauereien, Lagerkeller für die Kühlung des Märzenbiers anzulegen. Das Märzen, der Vorläufertyp der heute verbreiteten hellen Biere, konnte nur in den Wintermonaten bis März eingebraut werden, da seine untergärigen Hefen kühle Gärtemperaturen benötigen. Über den Kellern wurden Kastanien angepflanzt, die Schatten spenden. Die Kastanie war für diesen Zweck der Baum der Wahl, da sie ein Flachwurzler ist und Ungeziefer fern hält. Mehr und mehr bürgerte es sich ein, unter diesen Bäumen das kellerkühle Bier auszuschenken, und es zog die Münchner an heißen Tagen in Scharen an die hölzernen Biertische, an die sie ihre eigenen Brotzeiten mitbrachten.

Im 19. Jahrhundert kamen im Grünen vor der Stadt die Ausflugsbiergärten dazu, die noch heute eine große Anziehungskraft ausüben.

Heute bieten die Biergartenwirte vom Radi bis zum Grillhendl eine große Palette an Essen an, und dass man die Brotzeit selber mitbringen kann, ist immer noch das Kriterium für einen echten Biergarten.

DIE WICHTIGSTEN UND INTERESSANTESTEN MÜNCHNER BIERGÄRTEN

AUGUSTINER-KELLER
Arnulfstraße 52
80335 München-Neuhausen
Tel. 0 89 / 59 43 93

Der Münchner Biergarten schlechthin. Über dem früheren Sommerkeller der Augustiner-Brauerei – nahe der Innenstadt, aber weit weg von ihrer Hektik – mischen sich Promis und Stammtischler, Handwerker und Touristen. Ausgeschenkt wird Augustiner Edelstoff aus dem Holzfass.

HOFBRÄUKELLER
Innere Wiener Straße 19
81667 München-Haidhausen
Tel. 0 89 / 4 59 92 50

Hier wurde bis 1988, als das Staatliche Hofbräu vor die Tore der Stadt nach Riem verlagert wurde, nebenan das Hofbräubier gebraut. Über dem Isarhochufer wird's im Sommer unter den Kastanien richtig eng. Hier trifft sich nicht nur die Haidhauser Nachbarschaft, sondern gleich die halbe Welt. Besonders das Hendl vom Grill ist sehr beliebt, die Trendigeren unter den Gästen schlürfen an der Open-Air-Bar exotische Drinks.

LÖWENBRÄUKELLER
Nymphenburger Straße 2
80335 München-Maxvorstadt
Tel. 0 89 / 52 60 21

Seit 1883 schirmen hier Kastanienbäume die sommerlichen Sonnenstrahlen ab. Weniger vom Lagerkeller der Brauerei, der befindet sich nämlich zum Teil unter dem großen Saal des Löwenbräukellers, sondern mehr von den durstigen Gästen. Wenn der Wind aus der richtigen Richtung weht, riecht's in dem nicht mehr sehr großen Biergarten nach der weltberühmten Brauerei mit dem Löwen, die noch immer ihren Sitz hier hat. Das Publikum ist g'standen münchnerisch ohne jegliche Schicki-Anwandlungen.

PAULANERKELLER
Hochstraße 7
81541 München-Giesing
Tel. 0 89 / 4 59 91 30

Der Vierte im Bunde der klassischen Bierkeller-Gärten. 1999 brannte der Paulanerkeller (früher Salvatorkeller), die Starkbierhochburg am Nockherberg, bis auf die Grundmauern ab. Der Biergarten und seine Bäume wurden von dem Inferno aber wie durch ein Wunder verschont. Mit dem Wiederaufbau des Paulanerkellers, der im Sommer 2001 beginnen soll, wird auch der Biergarten ein ganz neues Gesicht bekommen.

SEEHAUS
Kleinhesselohe 2
80802 München-Schwabing
Tel. 0 89 / 3 81 61 30

Sehen und Gesehenwerden in einmaliger Lage mitten im Englischen Garten. Das Seehaus ist auch im Winter ein beliebter Treffpunkt der schicken Jugend. Bei föhnigem Sonnenschein sind die Tische direkt am Kleinhesseloher See oft gerammelt voll.

CHINESISCHER TURM
Englischer Garten 2
80538 München-Schwabing
Tel. 0 89 / 38 38 73 20

Mitten im Englischen Garten kann man erahnen, was Schwabinger Flair einmal ausmachte. Leben und Lebenlassen ist die Devise des bunten Völkchens, das sich hier die Sommerabende vertreibt.

AUMEISTER
Sondermeierstraße 1
80939 München-Schwabing
Tel. 0 89 / 32 52 24

Der Aumeister am Nordrand des Englischen Gartens ist eine feste Größe bei den Ausflugsbiergärten. Hier kommen Familien mit dem Radl her, und wenn's an einem Sommersonntag im südlichen Englischen Garten noch so zugeht, hier findet jeder seinen Platz.

HIRSCHGARTEN
Hirschgarten 1
80639 München-Neuhausen
Tel. 0 89 / 17 25 91

Münchens größter Biergarten. Sagenhafte 8000 Plätze bietet der Klassiker im Westen. Groß ist die Auswahl an Brotzeiten und warmem Essen und vor allem die Kinder haben auf dem riesigen Areal mit seinem Wildgehege ihre Freude.

WALDWIRTSCHAFT GROSSHESSELOHE
Georg-Kalb-Straße 3
82049 Pullach
Tel. 0 89/ 79 50 88

In der »Wawi« nahm die Biergartenrevolution von 1995 ihren Ausgang, weil Nachbarn für strengere Öffnungszeiten vor Gericht zogen. Letztlich aber ohne Erfolg. Hoch über dem Isartal treffen sich nach wie vor bei Live-Jazz-Musik Familien, die mit dem Radl kommen, Gäste aus der Nachbarschaft mit der Münchner Prominenz und etlichen »Zuagroasten«.

MENTERSCHWAIGE
Menterschwaigstraße 4
81545 München-Harlaching
Tel. 0 89/ 64 07 32

Ein echter Prachtplatz am Isarhochufer. In diesem Anwesen versteckte König Ludwig I. einst seine Geliebte Lola Montez. Heute verstecken sich die Harlachinger unter den hohen Kastanien vor der sommerlichen Hitze. Ein gutes Ziel für einen kleinen Radlausflug oder für eine Einkehr bei der großen Isartour.

VIKTUALIENMARKT
Viktualienmarkt 6
80331 München-Altstadt
Tel. 0 89/ 29 75 45
Sonntags geschlossen

Ein Unikum im Bauch von München: Brotzeitmäßig kann man hier natürlich aus dem Vollen schöpfen. Von der edlen Lachssemmel bis zur ausgefallenen Rosswurst kann man sich Schmankerl aus aller Welt an die Tische bringen. Ausgeschenkt werden wechselweise die Biere aller Münchner Brauereien.

ORTSREGISTER

Andechs-Frieding	137
Arnsberg	17
Au am Inn	33
Au/Hallertau	23
Aurach/Fischbachau	71
Aying	81
Bauerbach	131
Berg/Eurasburg	111
Dorfen	29
Egling	103
Fischbachau	67
Frasdorf/Wildenwart	51
Garmisch-Partenkirchen	123
Glonn	77
Grünwald	91
Herrsching	143
Hohenbercha	159
Höhenkirchen-Siegertsbrunn	85
Kirchbichl/Bad Tölz	89
Kirchdorf a. d. Amper	27
Kochel am See	121
Kreuth-Scharling	75
Maising/Pöcking	139
München	169 – 222
Münsing	107, 113
Murnau	125
Murnau/Riegsee	127
Ostermünchen/Tuntenhausen	59
Penzberg	115, 117
Polling	129
Pörnbach	151
Prien	45
Prutting	53
Reisach b. Niederaudorf	63
Röhrmoos	161
Sachsenkam	87
Samerberg	55
Samerberg-Törwang	57
Scheyern	155
Söllhuben	47
Straßlach	95, 99
Thalhausen	147
Truchtlaching	37
Tüßling	35
Tutzing-Unterzeismering	133
Übersee/Chiemsee	41
Wolfratshausen	105
Wolnzach	19

REGISTER DER GASTHÄUSER

Alpengasthaus Wölflhof	71
Alte Gutsküche	105
Alte Klosterwirtschaft	129
Andechser am Dom	207
Augustiner-Keller	219
Aumeister	221
Beim Sedlmayr	175
Beim Wirt z'Loh	29
Berggasthof Duftbräu	55
Berggasthof Pfeiffer Alm	123
Bratwurstherzl	215
Bräu im Moos	35
Brauereigasthof Aying	81
Braunauer Hof	197
Bräustüberl Reutberg	87
Buchscharner Seewirt	113
Chinesischer Turm	221
Der obere Wirt zum Queri	137
Einkehr am Ähndl	125
Forsthaus Höhlmühle	127
Forsthaus Ilkahöhe	133
Forsthaus Wörnbrunn	91
Gaßner mit Marktstüberl	193
Gasthaus Bayerischer Herold	173
Gast- & Tafernwirtschaft Andreas Hörger	159
Gasthaus Georg Ludwig	139
Gasthaus Limm zum Neuwirt	107
Gasthaus Schönmühl	117
Gasthaus Steidl	131
Gasthaus und Metzgerei Oberwirt	27
Gasthaus von Franz Inselkammer	85
Gasthaus Waller	63
Gasthaus zur Post	103
Gasthof Berg	111
Gasthof Bogenrieder	151
Gasthof Hinterwirt	41
Gasthof zum Wildpark	95
Gasthof zur Post, Truchtlaching	37
Gasthof zur Post, Prutting	53
Gasthof zur Post, Törwang	57
Gasthof zur Post, Ostermünchen	59
Gasthof zur Post (Hirzinger)	47
Gaststätte Großmarkthalle	201
Haxnbauer	185
Hirschgarten	221
Hofbräukeller	220
Hoisl-Bräu	115
Jägerwirt, Kochel a. See	121
Jägerwirt, Kirchbichel	89
Klosterbräustüberl	33
Klosterschenke Scheyern	155
Landgasthof Siebler	19
Landgasthof Mühlfeld-Bräu	143
Landgasthof zum Raben	17
Löwenbräukeller	220
Menterschwaige	222
Mesner-Stub'n	45
Mumei's Schoppenstube	67
Münchner Haupt'	211
Nürnberger Bratwurst Glöckl am Dom	209
Paulaner im Tal	217
Paulaner-Bräuhaus	192
Paulanerkeller	220
Restaurant Halali	205
Scloßbräukeller Au/Hallertau	23
Schlosswirtschaft Mariabrunn	161
Schloßwirtschaft Wildenwart	51
Seehaus	221
Spatenhaus	181
Unionsbräu	192
Viktualienmarkt	222
Waldwirtschaft Großhesselohe	222
Weilachmühle	147
Weißach-Alm	75
Weisses Bräuhaus	189
Zum Franziskaner	169
Zum Herrmannsdorf Schweinsbräu	77
Zur Mühle	99

Copyright © 2001 by Collection Rolf Heyne
GmbH & Co. KG, München

Schutzumschlag: Hauptmann und Kampa Werbeagentur, CH-Zug
Grafische Gestaltung und Satz: Grafikhaus, München
Kartografie: Design-Studio Fleischer, München
Illustrationen: Matthias Erhardt
Herstellung: Karlheinz Rau, München
Repro: PHG Lithos, Martinsried
Druck und Bindung: RMO Druck, München
Printed in Germany

ISBN 3-453-18910-8